Kohlhammer

Die Autorin, der Autor

Dipl.-Psych. Dr. Barbara Gottschling arbeitet als Schulpsychologin, Supervisorin und Coach für schulische Führungskräfte. Ihr Schwerpunkt liegt im Bereich der Lehrkräftegesundheit.

Dr. habil. Benedikt Wisniewski ist Schulpsychologe, Supervisor und Coach. Er war lange als Lehrer und in der Lehrerbildung tätig. Als Fachbuchautor und Podcaster beschäftigt er sich mit psychologischen Themen im Kontext Schule.

Benedikt Wisniewski, Barbara Gottschling

Weniger macht Schule

Wie De-Implementierung schulische Freiräume schafft

Verlag W. Kohlhammer

Dieses Werk einschließlich aller seiner Teile ist urheberrechtlich geschützt. Jede Verwendung außerhalb der engen Grenzen des Urheberrechts ist ohne Zustimmung des Verlags unzulässig und strafbar. Das gilt insbesondere für Vervielfältigungen, Übersetzungen, Mikroverfilmungen und für die Einspeicherung und Verarbeitung in elektronischen Systemen.

Die Wiedergabe von Warenbezeichnungen, Handelsnamen und sonstigen Kennzeichen in diesem Buch berechtigt nicht zu der Annahme, dass diese von jedermann frei benutzt werden dürfen. Vielmehr kann es sich auch dann um eingetragene Warenzeichen oder sonstige geschützte Kennzeichen handeln, wenn sie nicht eigens als solche gekennzeichnet sind.

Es konnten nicht alle Rechtsinhaber von Abbildungen ermittelt werden. Sollte dem Verlag gegenüber der Nachweis der Rechtsinhaberschaft geführt werden, wird das branchenübliche Honorar nachträglich gezahlt.

Dieses Werk enthält Hinweise/Links zu externen Websites Dritter, auf deren Inhalt der Verlag keinen Einfluss hat und die der Haftung der jeweiligen Seitenanbieter oder -betreiber unterliegen. Zum Zeitpunkt der Verlinkung wurden die externen Websites auf mögliche Rechtsverstöße überprüft und dabei keine Rechtsverletzung festgestellt. Ohne konkrete Hinweise auf eine solche Rechtsverletzung ist eine permanente inhaltliche Kontrolle der verlinkten Seiten nicht zumutbar. Sollten jedoch Rechtsverletzungen bekannt werden, werden die betroffenen externen Links soweit möglich unverzüglich entfernt.

1. Auflage 2025

Alle Rechte vorbehalten
© W. Kohlhammer GmbH, Stuttgart
Gesamtherstellung: W. Kohlhammer GmbH, Heßbrühlstr. 69, 70565 Stuttgart
produktsicherheit@kohlhammer.de

Print:
ISBN 978-3-17-045484-2

E-Book-Formate:
pdf: ISBN 978-3-17-045485-9
epub: ISBN 978-3-17-045486-6

Inhalt

Vorwort von Andreas Hillert		**9**
1	**Einführung: Warum De-Implementierung?**	**13**
2	**Ausgangslage: Wie immer mehr dazukommt und Schule trotzdem nicht besser wird**	**16**
2.1	Die »Mehr ist besser«-Logik	16
2.2	Schule wird nicht besser ...	18
2.3	... obwohl immer mehr dazukommt	22
3	**Was De-Implementierung bedeutet**	**26**
3.1	Missverständnisse	27
3.2	Begriffliche Eingrenzung	27
3.3	Lernen und Verlernen	29
3.4	Arten der De-Implementierung	31
4	**Hürden und Hemmnisse: Woran De-Implementierung scheitern kann**	**34**
4.1	Warum Schule so ist, wie sie ist – und sich kaum ändert	35
4.1.1	Grammar of schooling	36
4.1.2	Einzelkämpfer-Denkmuster	39
4.1.3	Verantwortungsdiffusion	41
4.2	Warum Menschen an sinnlosen Dingen festhalten	43
4.2.1	Kognitive Faktoren	46
4.2.2	Emotionale Faktoren	50
4.2.3	Soziale Faktoren	51
4.2.4	Ideologische Faktoren	53

4.3	Warum Quantität im Schulsystem als Qualitätsindikator dient und wozu dies führt	56
4.3.1	Loose Coupling und Gratifikationskrisen	57
4.3.2	Multa non multum	58
4.3.3	Das 3-E-Modell	60
5	**Wie De-Implementierung funktioniert**	**64**
5.1	Wie man sinnlose Dinge erkennt	65
5.1.1	Die Frage nach dem Kriterium	66
5.1.2	Chestertons Zaun	67
5.1.3	Technologiedefizit	68
5.1.4	Evidenz durch Forschung	70
5.1.5	Evidenz durch eigene Evaluation	74
5.2	Wie man aufhört, an sinnlosen Dingen festzuhalten	76
5.2.1	Das Motel-One-Prinzip	76
5.2.2	Was die Schule von Motel One lernen kann	77
5.3	Wie man sinnlose Dinge dauerhaft los wird	90
5.3.1	Intentionen stärken	91
5.3.2	Gewohnheiten ändern	93
5.3.3	Denkmuster und Selbstverständnis anpassen	96
6	**Leitfaden zur praktischen Umsetzung**	**100**
6.1	Allgemeiner Ablauf der De-Implementierung	100
6.1.1	Ziele oder das »Warum«	102
6.1.2	Analyse der Situation	104
6.1.3	Der Prozessplan	105
6.1.4	Umsetzung der De-Implementierung	109
6.1.5	(Zwischen-)Evaluation	109
6.1.6	Zurück auf Los!	111
6.2	Ablauf der De-Implementierung auf institutioneller (Schul-)Ebene	112
6.2.1	Legitimation, Team und Ziele	112
6.2.2	Analyse der Situation	116
6.2.3	Der Prozessplan	120

6.2.4	Umsetzung der De-Implementierung	123
6.2.5	(Zwischen-)Evaluation	123
6.2.6	Zurück auf Los!	124
6.3	Ablauf der De-Implementierung auf individueller Ebene	124
6.3.1	Ziele oder das »Warum«	126
6.3.2	Analyse der Situation	127
6.3.3	Der Prozessplan	130
6.3.4	Umsetzung der De-Implementierung	136
6.3.5	(Zwischen-)Evaluation	136
6.3.6	Zurück auf Los!	137

7 Zu guter Letzt — 138

Literatur — 140

Anhang — 151

1	Beispiele zur De-Implementierung auf einen Blick	151
	Korrekturen (▸ Kap. 4.2)	151
	Lesen durch Schreiben (▸ Kap. 4.2.4)	152
	Dekoration im Klassenzimmer (▸ Kap. 4.3.3)	153
	Lerntypen (▸ Kap. 5.1.4)	154
	Tage der offenen Tür (▸ Kap. 5.1.5)	155
	Rechenschaftsablagen (▸ Kap. 5.2.2)	156
	Edu-Kinestetik (▸ Kap. 5.2.2)	157
	Team Teaching (▸ Kap. 5.2.2)	158
	Methodentraining (▸ Kap. 5.2.2)	159
	One-Shot-Fortbildungen (▸ Kap. 5.3.1)	160
	Tür-und-Angel-Gespräche (▸ Kap. 5.3.2)	161
	Analoge Absenzenverwaltung (▸ Kap. 5.3.3)	162
2	Materialien zur De-Implementierung auf Schulebene	163
	Reflexion von schulischen Standards	163
	Der Umgang mit dem »Ja, aber...«	167
3	Materialien zur De-Implementierung auf individueller Ebene	169

Vorwort von Andreas Hillert

Einerseits ist De-Implementierung ein Ansatz, den Schule und Lehrkräfte heute so nötig haben wie die Luft zum Atmen. Andererseits ist De-Implementierung schlicht eine Zumutung! Wenn man es so ernst nimmt, wie es ausgehend von den im Buch vorgestellten Konzepten ernst genommen werden sollte, dann läuft es schlicht auf eine Revolution hinaus.

Weniger ist mehr! Wer würde dieser Aussage, zumal was die aktuelle Situation in der Schule und nicht zuletzt das Schule tragende System anbelangt, grundsätzlich widersprechen wollen? Selbstverständlich! Reduzieren Sie Ihre Tätigkeit, Ihr Engagement und die Schule überhaupt auf das Wesentliche. Damit Schule effektiver, für alle Beteiligten anregender, flexibler und nicht zuletzt für Lehrkräfte weniger belastend und damit gesünder wird! Die entscheidende Frage und das Problem sind dabei zum einen, was man jeweils für unwesentlich bzw. überflüssig hält, und zum anderen, im Sinne von Schule als hierarchisch-staatlichem System: darf man überhaupt, ausgehend von guten Argumenten und besserer Einsicht, de-implementieren? Also etwas von oben Verordnetes einstellen, damit aufhören, es quasi zufälligerweise übersehen? Schließlich geht es vielfach um hochoffizielle, verbindliche Anweisungen und Vorgaben. Nochmal: Auch wenn diese noch so unsinnig zu sein erscheinen (und viele es offenkundig sind), dürfen diese von im System verankerten Lehrkräften, zumal verbeamteten, wirklich miss- und nicht mehr beachtet werden? Von außen betrachtet: schön wäre es, wenn Lehrkräfte, die Schülerinnen und Schüler zu selbstständig denkenden, Verantwortung tragenden Menschen entwickeln sollen, systemintern nicht in entsprechenden Zweifelsfällen ihrerseits (mehr oder weniger spürbar) als Vorgaben ausführende Befehlsempfänger fungieren müssten. Andererseits, neben den beamtenrechtlichen Aspekten, hat die aktuelle Situation allerdings unübersehbar auch Verantwortung- und damit potentiell Stress-reduzierende Aspekte.

Was alles in der Schule und im Verhalten von Lehrpersonen unsinnig ist, das lässt sich absehbar unendlich diskutieren. Es gibt einige ganz offensichtliche Punkte, die aber teils wiederum so offensichtlich politisch sind, dass es im System Tätige kaum wagen würden, diese offen zu hinterfragen. Hier Beispiele zu nennen könnte selbst einen nur ein Vorwort Schreibenden potentiell in Verruf bringen. Und andererseits gibt natürlich pädagogische und psychologische Forschung. Wenn Untersuchungen zeigen, dass diese oder jene Maßnahme sinnlos bzw. eine andere besser wäre, ist das damit hinreichend und ein für alle Mal tatsächlich bewiesen? Forschungsergebnisse im pädagogischen Bereich führen leider keineswegs immer zu eindeutigen Handlungsanweisungen, wie dies mitunter dargestellt und von Politikerinnen und Politikern missverstanden wird. Und nicht zuletzt ist Schule eben nicht gleich Schule. Was in einem Kontext sinnlos ist, ist in einem anderen absolut genial.

Im Sinne von Stressverstärkern hat jede und jeder von uns Gewohnheiten, die vor allem den Charme des Gewohnten haben und ansonsten Hemmschuhe und Ballast sind. Angefangen von existenziellem Perfektionismus bzw. überzogen hohen Standards zu Aspekten wie »Mache keine Fehler!« oder auch »Sei beliebt und anerkannt!«. Wobei nicht vergessen werden darf, dass im Sinne von »Jeder hat gute Gründe sich zu überlasten, sonst würde er es nicht tun« (vgl. Hillert et al., 2016), alle entsprechenden Implementierungen zunächst einmal positive Qualitäten hatten. Dies wiederum bedingt eine Dynamik, die es schwer bis sehr schwer macht, sie selbst dann, wenn klar ist, dass sie mehr Kraft kosten als Sinn machen, nicht weiter zu perpetuieren. Verhaltensänderungen und somit jede Form von De-Implementierung bedeutet dann zunächst einmal mehr Stress zu haben als zuvor. Auch auf Aspekte, die quasi nur noch ritualisierte Qualitäten haben, zu verzichten macht Stress! Schließlich ist es Sinn und Zweck von Ritualen dort, wo ansonsten kaum Sicherheiten zu finden sind, zumindest das Gefühl von Sicherheit zu generieren. Der De-Implementierungs-Stress dauert dann so lange, bis sich neue Normalitäten eingestellt haben. Diese wiederum sind dadurch charakterisiert, dass nicht nur rational, sondern auch emotional deutlich wurde, dass die betreffenden Rituale verzichtbar waren. Was eine ganze Weile, Wochen und Monate, dauern kann. Wenn letzteres nicht berücksichtigt wird, dann ist die Wahrscheinlichkeit groß, dass alle noch so engagierten De-Implementierungs-Projekte eher theoretisch bleiben.

Angesichts des hier skizzierten, breiten und absehbar in vielen Aspekten unwegsamen, mitunter regelrecht verminten Geländes kann man der Autorin und dem Autor nur dankbar dafür sein, sich diesbezüglich ein gutes Stück und das mit substanziellen Argumenten vorgewagt zu haben. Es bleibt zu hoffen, dass ihnen viele auf allen hierarchischen Ebenen folgen. Damit Schule durch De-Implementierung nicht nur schlanker, sondern auch so dynamisch wird, dass sie den heute noch unkalkulierbaren Anforderungen, die unsere nahe und fernere Zukunft für uns parat haben wird, entsprechen kann. Wer heute vorgibt zu wissen, was das perspektivisch konkret heißt, ist naiv und/oder gefährlich. Mit existenziellen Unsicherheiten dieser Art umzugehen ist eine schwierige Lektion, die wir alle noch zu bewältigen haben. Dazu abschließend ein persönlicher (archäologisch fundierter) Hinweis: Alle Inhalte, die man als überflüssigen alten Ballast empfindet, abzuwerfen, führt absehbar – ins

Nichts. Kleine Kinder brauchen bekanntermaßen Wurzeln, die ihnen nicht zuletzt die Schule vermitteln muss. Ihre Flügel müssen wachsen aus dem Material, was da ist, für gut befunden wurde und damit Identität verleiht. Das ergibt die Basis, von der aus große Kinder, die wir alle sind, jeweils neu starten können, um zu de-implementieren und/oder um neue Inhalte zu entwickeln. Wie (vermutlich vom Theologen Karl Paul Reinhold Niebuhr, 1892–1971, gesagt): »Gott, gib mir die Gelassenheit, Dinge hinzunehmen, die ich nicht ändern kann, den Mut, Dinge zu ändern, die ich ändern kann und die Weisheit, das eine vom anderen zu unterscheiden.« Darüber hinaus braucht man dann als Lehrkraft »nur« noch den Mut und die Frustrationstoleranz, um das mit Augenmaß, bestem Wissen und Gewissen für gut Befundene, idealerweise gemeinsam mit den Kolleginnen und Kollegen und allen übrigen Beteiligten angemessen umzusetzen.

Prien am Chiemsee, 11.06.2024
Prof. Dr. phil. Dr. med. Andreas Hillert (Chefarzt an der Schön Klinik Roseneck in Prien am Chiemsee)

1 Einführung: Warum De-Implementierung?

In diesem Buch geht es darum, wie Schule aufhören kann, das zu tun, was nicht funktioniert. Es zielt darauf, dass Lehrerinnen und Lehrer Zeit zurückbekommen, die sie entweder für effektivere Maßnahmen der beruflichen Tätigkeit oder aber als Freizeit – und damit zur Gesunderhaltung – nutzen können. In der Vergangenheit wurde kontinuierlich versucht, Schule besser zu machen, indem immer neue Aufgaben, Prozesse, Maßnahmen, Programme, Initiativen, Methoden und andere Dinge hinzukamen. De-Implementierung bedeutet die Umkehr dieser Logik. Schule kann besser werden, indem sie auf ein »Weniger« statt auf ein »Mehr« setzt. Kurz: Besser weniger – dafür weniger besser. Aber warum sollte es überhaupt sinnvoll sein, auf »weniger« zu setzen?

Die Idee, Verbesserungen durch ein Weglassen zu erzeugen, ist nicht neu. Anfang des 20. Jahrhunderts entstand in der Architektur eine neue Vorstellung des Bauens, die schmückende Verzierungen ablehnte und schlichte, einfache Formen bevorzugte. Ein Vertreter dieser Strömung, die als Minimalismus bezeichnet wird, war Ludwig Mies van der Rohe, ein deutschamerikanischer Architekt. Er prägte in seinem Fachgebiet den Satz »less is more« als Grundsatz für die Reduktion auf das Wesentliche.

Das Motto »less is more« wurde schnell in andere Bereiche übertragen. Firmen wie Apple, Google oder auch IKEA setzten alle auf einfache Anwendungen und Formen, klare Linien und eine reduzierte Ästhetik. Apple beispielsweise revolutionierte die Technologiebranche mit Produkten wie dem iPhone und dem MacBook, die durch ihr minimalistisches Design und ihre intuitive Benutzeroberfläche gekennzeichnet sind. Google übertrug das Prinzip auf seine Suchmaschine, indem es einfache und benutzerfreundliche Schnittstellen entwickelte. Und IKEA, weltweit bekannt für seine erschwinglichen Möbel, kombiniert skandinavisches Design mit dem Grundsatz von »less is more«, um funktionale und ästhetisch ansprechende Wohnlösungen anzubieten.

Im Jahr 1997 kreierte die Werbeagentur Weber, Hodel, Schmid für die Marke SMART der Mercedes-Benz AG, ein Kleinstwagen für die urbane Umgebung, den Slogan »reduce to the max«. Johann Tomforde, ehemaliger Geschäftsführer Entwicklung/Produktion bei Mercedes-Benz AG, betonte, dass sich die Werte ändern und man sich von überkommenen Statussymbolen verabschieden müsse. In einer Zeit, in der Prestigewerte an Bedeutung verlieren und die Anforderungen an Sicherheit, Umweltverträglichkeit und Handlichkeit steigen, werde die Reduktion auf das Wesentliche immer wichtiger. Die Marke Smart setzte daher auf Reduktion und Effizienz. Der Slogan »reduce to the max« verdeutlicht die Philosophie der Marke, sich auf das Wesentliche zu konzentrieren und unnötigen Ballast abzuwerfen (Bußmann, 1999).

In der Medizin ist De-Implementierung seit über zehn Jahren eine gängige Vorgehensweise. Die sogenannte »Choosing Wisely«-Initiative wurde im April 2012 von der ABIM Foundation in den USA ins Leben gerufen. Diese Initiative zielt seitdem darauf ab, die Qualität der medizinischen Versorgung zu verbessern, Kosten zu senken und die Patientensicherheit zu fördern, indem sie Überbeanspruchung und unnötige medizinische Maßnahmen reduziert. Es geht beispielsweise darum, die überflüssigen Verschreibungen von Medikamenten zu reduzieren. Überverschreibungen sind nicht wirksam, nicht kosteneffektiv oder sogar für die Patientinnen und Patienten schädlich.

Schule bekommt viele unsinnige Dinge verschrieben – unnötige Bürokratie, wirkungslose Schulentwicklungsprogramme, wenig substantiierte Konzepte usw. – und Schule verschreibt selbst viele unsinnige Dinge – in erster Linie pädagogische und didaktische Maßnahmen, die nachweisbar ineffektiv sind, sowie Druck und Stress. Ein zunehmender Lehrkräftemangel, überdurchschnittlich hohe Raten an psychischen Erkrankungen bei Lehrkräften und durch PISA offenbarte Schwächen in der Schulqualität erfordern Maßnahmen, die zum einen die Qualität von Schule steigern, zum anderen aber mit weniger Ressourcen als bisher auskommen. De-Implementierung bedeutet auch für Schule, auf Maßnahmen, Tätigkeiten, Programme und Gewohnheiten zu verzichten, die keinen nachweisbaren Nutzen für die Institution bzw. ihre Mitglieder haben. Und sie bedeutet, mit den freiwerdenden Ressourcen in Bereiche zu investieren, auf die es tatsächlich und nachweisbar ankommt.

Fast alle bisher gängigen Konzepte der Schulentwicklung basieren auf Strategien, die eine Steigerung des Ressourcenbedarfs erzeugen. Dieses »Mehr« führt meist zu einer erhöhten Belastung für Lehrerinnen und Lehrer, dabei aber nicht zwangsläufig zu einer Verbesserung der Schulqualität – zum Teil sogar zu einer Verschlechterung. Lehrkräften wird suggeriert, die einzige Lösung, einer Überlastung zu begegnen, läge in der Arbeit an persönlicher Resilienz und individueller Stressprävention. Die Möglichkeit, unproduktive Arbeitsabläufe und wirkungslose Interventionen und Projekte in den Blick zu nehmen, wird dabei sehr häufig ignoriert.

1 Einführung: Warum De-Implementierung?

Die Antwort auf die Frage »Warum De-Implementierung?« lautet also im Kern: Weil durch das Weglassen von unnötigen oder unsinnigen Dingen die Möglichkeit entsteht, die essenziellen Dinge besser machen zu können. Und zu den essenziellen Dingen gehört auch die Regeneration der Beschäftigten.

Die zentralen Ziele der De-Implementierung im System Schule sind (in Anlehnung an Schoeffel & Rosenbrock, 2022):

- Lehrerinnen und Lehrern Zeit zurückzugeben, die sie nutzen können, um sich auf effektives Unterrichten und die Unterstützung ihrer Schülerinnen und Schüler zu konzentrieren,
- Programme und Initiativen zu entfernen, die geringe, keine oder unerwünschte Effekte haben,
- die Verringerung benötigter materieller, zeitlicher und personeller Ressourcen und
- die Reallokation von Ressourcen hin zu nützlichen Tätigkeiten.

»Less is more«, »Reduce to the max« und »Choosing wisely« sind Slogans, die komprimiert ausdrücken, dass ein »Weniger« nicht automatisch einen Verlust bedeutet, sondern dass gerade durch die Reduzierung und intelligente Auswahl von Dingen, in die Ressourcen investiert werden, Freiräume entstehen und Qualität steigen kann – und das bei besseren und der Gesundheit zuträglicheren Bedingungen für alle Beteiligten. Dieses Buch richtet sich folglich an Menschen, die nicht lernen wollen, besser mit Stress umzugehen, sondern an Menschen, die weniger Stress erleben wollen.

Wir möchten zunächst erläutern, wie sich aus den allgemeinen Entwicklungen von Schulqualität und der Beanspruchung von Lehrerinnen und Lehrern eine dringende Notwendigkeit von De-Implementierungsprozessen ergibt. Nach einer Klärung und Einordnung des Begriffs »De-Implementierung« wird auf Hürden und Hemmnisse eingegangen, die sich im Rahmen dieser Art der Veränderung insbesondere im schulischen Kontext ergeben können, da das Erkennen und Reflektieren dieser Hürden und Hemmnisse die wichtigste Voraussetzung für ein erfolgreiches Vorgehen sind. Im Kapitel 5 (▶ Kap. 5) funktioniert« gehen wir auf drei wesentliche Prozessschritte der De-Implementierung ein, nämlich die Erkennung von dysfunktionalen Praktiken, deren Entfernung und die dauerhafte Aufrechterhaltung dieser Entfernung. Im letzten Teil, dem Leitfaden zur praktischen Umsetzung, stellen wir Ihnen verschiedene konkrete Vorgehensweisen vor, einmal für schulübergreifende und einmal für individuelle De-Implementierungsprozesse.

2 Ausgangslage: Wie immer mehr dazukommt und Schule trotzdem nicht besser wird

Inhalte und Ziele
Bevor es im nächsten Kapitel um den Begriff der De-Implementierung geht, soll in diesem Kapitel zunächst gezeigt werden, warum Schulentwicklung in Deutschland zwar von einer unüberschaubar hohen Zahl an Implementationen geprägt ist, diese Implementationen aber in vielen Fällen nicht die gewünschten Effekte erzielen. Während die Leistungsfähigkeit des Schulsystems abgenommen hat, nahm die berufliche Beanspruchung von Lehrerinnen und Lehrern in den letzten zehn Jahren kontinuierlich zu.

Ziel dieses Kapitels ist es zu erläutern, warum die Ressourcen, die für Schulentwicklung in der jetzigen Form aufgewendet werden, in vielen Fällen fehlgeleitet sind und warum sich daraus die Notwendigkeit für De-Implementierungsprozesse ergibt.

2.1 Die »Mehr ist besser«-Logik

In der wegweisenden Studie *People systematically overlook subtractive changes* (Adams et al., 2021) wurde untersucht, warum Menschen dazu neigen, Formen der Veränderung zu bevorzugen, bei denen Komponenten hinzugefügt werden, und solche Veränderungen zu übersehen, bei denen Komponenten entfernt werden. In der Laborstudie wurden verschiedene Experimente durchgeführt, bei denen die Teilnehmerinnen und Teilnehmer Veränderungen vornehmen mussten, um jeweils eine Verbesserung in Bezug auf einen Ausgangszustand herbeizuführen. Dabei wurde beobachtet, welche Ansätze die Versuchspersonen wählen.

Bei jeder Aufgabe hatten die Versuchspersonen grundsätzlich die Möglichkeit, entweder durch Addition oder Subtraktion von einzelnen Komponenten zum Ziel zu gelangen. In einem der Experimente mussten die Probanden beispielsweise eine Klemmbaustein-Konstruktion so stabilisieren, dass diese einen Ziegelstein tragen kann (Abb. 1). Die vorgegebene ursprüngliche Struktur konnte den Ziegelstein nicht tragen, da sie nur in einer Ecke gestützt wurde, ähnlich wie bei einem einbeinigen Tisch. Den Versuchspersonen wurde mitgeteilt, dass sie die Struktur nach Belieben verändern konnten. Sie konnten Stützen für die anderen drei Ecken hinzufügen, um die Stabilität herzustellen. Sie konnten aber auch einfach die Stütze in der einen Ecke entfernen, wodurch die Konstruktion eben aufsaß und den Ziegelstein tragen konnte. Das Experiment wurde unter zwei Bedingungen durchgeführt: Unter Bedingung 1 erwähnten die Anweisungen die Addition (»jedes hinzugefügte Teil kostet zehn Cent«), aber die Subtraktion wurde nicht erwähnt. Unter Bedingung 2 erwähnten die Anweisungen sowohl die Addition als auch die Subtraktion (»jedes hinzugefügte Teil kostet zehn Cent, aber das Entfernen von Teilen ist kostenlos).

Abb. 1: Versuchsaufbau von Adams et al. (2021), nachgebaut anhand der Studienbeschreibung

Die Studie zeigt, dass Menschen systematisch dazu neigen, additive Veränderungen zu bevorzugen, indem sie neue Komponenten hinzufügen, anstatt bestehende zu entfernen. Im Klemmbaustein-Experiment fügten die meisten Versuchspersonen Steine hinzu und bauten eine oder mehrere zusätzliche Stützen. Menschen vernachlässigen subtraktive Veränderungen auch dann, wenn diese additiven Veränderungen überlegen sind oder zu geringeren Kosten oder geringerem Aufwand führen.

Die Wahrscheinlichkeit, dass Personen subtraktive Veränderungen verwenden, kann jedoch durch *cues*, also Hinweise, beeinflusst werden. Explizite Hinweise darauf, dass subtraktive Optionen möglich sind, führen dazu, dass solche Veränderungen mit höherer Wahrscheinlichkeit in Betracht gezogen werden. Dies deutet darauf hin, dass die Aufmerksamkeit von außen auf subtraktive Optionen gelenkt werden kann. Außerdem zeigte sich, dass sich die Identifizierung zielführender subtraktiver Strategien durch Übung verbessern lässt.

Bei hoher kognitiver Beanspruchung sinkt dagegen die Wahrscheinlichkeit, dass subtraktive Veränderungen herangezogen werden. Dies legt nahe, dass kognitive Ressourcen eine Rolle dabei spielen, ob Menschen dazu neigen, additive oder subtraktive Ansätze zu verfolgen. Wenn Menschen mehr Gelegenheiten geboten wurden, die Unzulänglichkeiten ihrer additiven Ansätze zu erkennen (durch wiederholtes Suchen), waren sie eher bereit, subtraktive Veränderungen vorzunehmen.

Zusammenfassend zeigt die Studie:

- Wenn Menschen einen Zustand verbessern sollen, operieren sie in der Regel nach dem Prinzip »mehr ist besser« und übersehen subtraktive Lösungen, die zu gleichguten oder besseren Ergebnissen führen würden.
- Die Generierung subtraktiver Lösungen kann durch Hinweise, dass diese existieren, gefördert werden.
- Das Generieren subtraktiver Lösungen kann durch Übung gefördert werden.
- Im Zustand hoher kognitiver Auslastung sinkt die Wahrscheinlichkeit, subtraktive Lösungen zu generieren.

2.2 Schule wird nicht besser ...

Die »Mehr ist besser«-Logik findet sich in der Entwicklung des Systems Schule in den letzten 50 Jahren deutlich erkennbar wieder.

Im Jahr 1979 veröffentlichte der britische Soziologe Michael Rutter unter dem Titel *Fifteen thousand hours: Secondary schools and their effects on children* eine wegweisende Studie zum Einfluss der Schule auf die Entwicklung junger Menschen (Rutter, 1979). Rutter und sein Team fanden heraus, dass die Schule einen erheblichen Einfluss auf die kognitiven Fähigkeiten und sozialen Kompetenzen von Schülerinnen und Schülern hat. Zusammengefasst mit dem Slogan »Schools matter« wurde Rutters Studie zum Ausgangspunkt dessen, was heute als Schulentwicklung bezeichnet wird.

In den 1980er Jahren vollzog sich ausgehend von Rutters Studie auch in Deutschland ein Paradigmenwechsel: Schulentwicklung wurde nicht länger als zentralistische Steuerung durch übergeordnete Instanzen aufgefasst, sondern mehr als Aufgabe der einzelnen Schulen mit ihren jeweiligen Besonderheiten (Fend, 1986). Um die Jahrtausendwende wurde dann durch die ersten Schulleistungsstudien TIMSS und PISA der bis dahin vorherrschende Glaube an die hohe Leistungsfähigkeit und Überlegenheit des deutschen Schulsystems zutiefst erschüttert. Es wurde klar, dass das deutsche Schulsystem im internationalen Vergleich keine überdurchschnittlichen oder gar herausragenden Leistungen von Schülerinnen und Schülern produziert und zudem Bildungsungerechtigkeit in Form der Abhängigkeit schulischer Erfolge vom sozioökonomischen Status des Elternhauses nicht ausgleicht, sondern sogar verstärkt. Im Jahr 2004 erklärte die Kultusministerkonferenz Schulentwicklung zur eigenständigen Aufgabe von Lehrerinnen und Lehrern (KMK, 2004). Damit wurde Schulentwicklung für alle zu einem Bestandteil ihrer Arbeit mit verpflichtendem Charakter.

Schulentwicklung wird heute als ein Oberbegriff für Verfahren verstanden, die es ermöglichen, die Qualität und die Qualitätssicherung von Schulen systematisch zu verbessern und zu gewährleisten (Burow et al., 2008). Daher ist die zentrale Frage die, inwieweit Schulentwicklung *tatsächlich* zu systematischen Verbesserungen führt.

Leider ist eine Antwort auf diese Frage kaum möglich, denn das, was in Deutschland als Schulentwicklungsforschung bezeichnet wird, liefert dazu kaum Daten. Über Kausalzusammenhänge zwischen Maßnahmen der Schulentwicklung und der systematischen Verbesserung von Schule können schlicht keine Aussagen getroffen werden, da dazu keine empirischen Forschungsergebnisse vorliegen, die geeignet sind, solche Zusammenhänge zu belegen.

Um zumindest einen groben Eindruck darüber zu erhalten, wie gut Schulentwicklung in Deutschland in den letzten zehn Jahren funktioniert hat, bleibt daher nur die Möglichkeit, sich verschiedene Längsschnittdaten aus Untersuchungen anzusehen, die Leistungsmerkmale von Schulen im zeitlichen Verlauf untersucht haben. Aus diesen lassen sich zwar keine Kausal- oder Wirkungszusammenhänge ableiten, aber sie können einen Eindruck vermitteln, ob die gewünschten systematischen Verbesserungen zu beobachten waren und sind.

Das erste relevante Merkmal, zu dem Längsschnittdaten vorliegen, sind die Ergebnisse der PISA-Untersuchungen (Abb. 2). Hier werden die Kompetenzen von 15-jährigen Schülerinnen und Schülern in den Bereichen Mathematik, Lesen und Naturwissenschaften erhoben (Der Mittelwert der PISA-Skala liegt bei 500, die Standardabweichung bei 100).

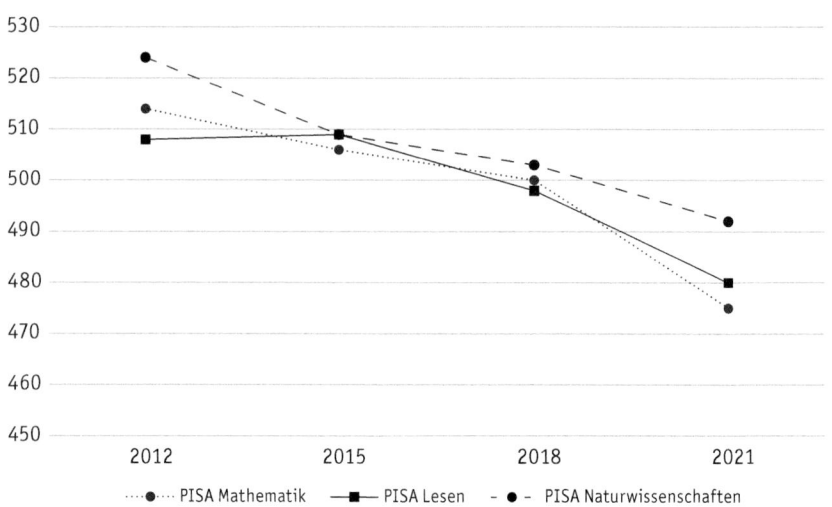

Abb. 2: Leistungsergebnisse von 15-jährigen Schülerinnen und Schülern in den PISA-Untersuchungen. Quelle: OECD

Die Schulentwicklung der letzten zehn Jahre hat im Durchschnitt nicht zu Leistungssteigerungen von Schülerinnen und Schülern in wesentlichen Kompetenzbereichen geführt. Diese sind sogar signifikant gesunken.

Weitere Längsschnittdaten liegen für Basiskompetenzen von Grundschülerinnen und Grundschülern im Rahmen des IQB-Bildungstrends vor (Abb. 3). Mindeststandards beziehen sich auf ein definiertes Minimum an Kompetenzen, das alle Schülerinnen und Schüler bis zu einem bestimmten Bildungsabschnitt erreicht haben sollten. Sie beschreiben ein Bildungsminimum am Ende der Primarstufe (Bremerich-Vos et al., 2010). Der Anteil von Grundschülerinnen und Grundschülern, die dieses Bildungsminimum nicht erreichen, ist seit 2011 für Lesen, Zuhören, Orthografie und Mathematik signifikant angestiegen.

Die Schulentwicklung der letzten zehn Jahre hat folglich im Durchschnitt nicht zu einer besseren Förderung benachteiligter Schülerinnen und Schüler in wesentlichen Kompetenzbereichen geführt.

2.2 Schule wird nicht besser ...

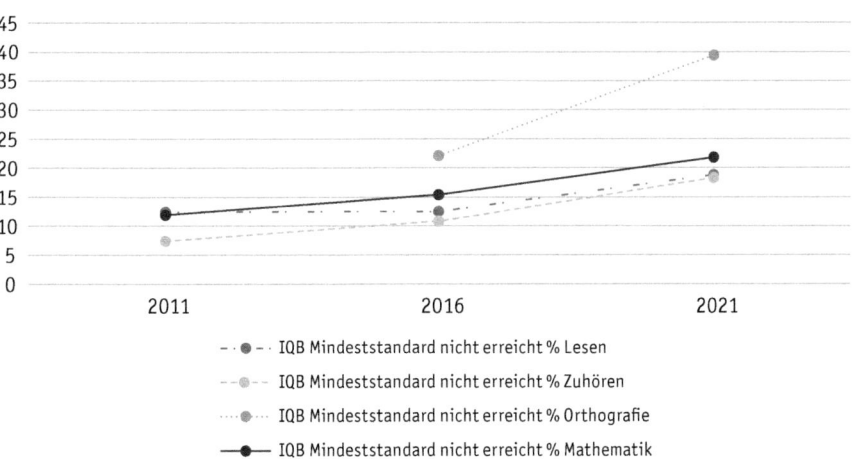

Abb. 3: Anteil der Schülerinnen und Schüler im Primarbereich, die den jeweiligen Mindeststandard nicht erreichen. Quelle: IQB

Die »Initiative Neue Soziale Marktwirtschaft« des Instituts der Deutschen Wirtschaft erhebt in ihrem Bildungsmonitor längsschnittlich verschiedene Merkmale von Schulen. Ein Merkmal ist das der Schulqualität, das sich aus mehreren Indikatoren zusammensetzt. Diese Indikatoren sind Schülerinnen- und Schülerleistungen in verschiedenen Vergleichsstudien. Die Längsschnittdaten für das Merkmal »Schulqualität« sind in Abb. 4 grafisch dargestellt.

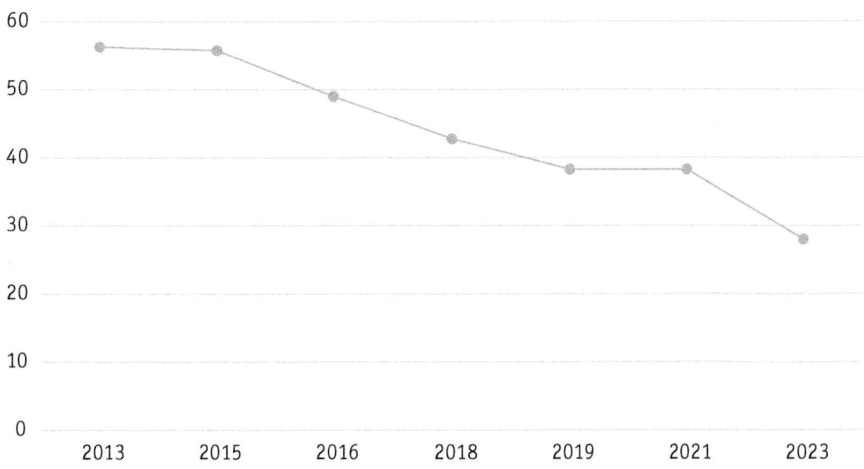

Abb. 4: Schulqualität im ISNM-Bildungsmonitor. Quelle: ISNM

Die Schulentwicklung der letzten zehn Jahre hat im Durchschnitt nicht zu einer Steigerung der Schulqualität im Sinne der Steigerung von messbaren Lernerfolgen geführt. Die durchschnittliche Leistungsfähigkeit der Schulen in Deutschland hat signifikant abgenommen.

2.3   ... obwohl immer mehr dazukommt

Neben der Frage nach der Leistungsfähigkeit des Schulsystems stellt sich als zweite zentrale Frage, wie es den Menschen im Schulsystem geht. In Bezug auf Lehrerinnen und Lehrer können zu dieser Frage Längsschnittdaten herangezogen werden.

Viele Menschen in diesem Beruf haben permanent das Gefühl, dass immer noch mehr möglich wäre. Neben der vagen Definition dessen, was zu den beruflichen Aufgaben gehört, geben Bildungspläne und Verordnungen einen in vielerlei Hinsicht offenen Rahmen dafür vor, wie Lehrerinnen und Lehrer ihren Arbeitsauftrag definieren können (Hillert et al., 2013).

Zur Gesundheit von Personen in Lehrberufen stellt der BKK-Dachverband in seinem jährlichen Gesundheitsreport Daten zur Verfügung. Pro 100 Beschäftigter stieg die Anzahl der Tage, die Mitglieder dieser Berufsgruppe auf Grund von psychischen Störungen (darunter Erschöpfungsdepressionen und Burnout) arbeitsunfähig gemeldet waren, von 2016 bis 2022 im Durchschnitt um 83,3 Tage an (Abb. 5).

Die Anzahl der Tage, die Lehrende auf Grund von Herz-Kreislauf-Erkrankungen arbeitsunfähig gemeldet waren, stieg zwischen 2016 und 2022 im Durchschnitt um 7,3 Tage an, allerdings mit einer Abnahme zwischen 2018 und 2021 (Abb. 6).

Seit 2016 hat sich die Gesundheit von Lehrerinnen und Lehrern im Durchschnitt verschlechtert. Erkrankungen, die typischerweise als Folgen von beruflicher Belastung aufgefasst werden (Schaarschmidt & Kieschke, 2013), haben seit 2016 zugenommen.

Das Schulbarometer von 2024[1] zeigt, dass sich 36 Prozent der Lehrenden mehrmals pro Woche erschöpft fühlen. Unter den häufigsten Nennungen von Belastungsfaktoren im Lehrerinnen- und Lehrerberuf finden sich Arbeitsbe-

---

[1] https://www.bosch-stiftung.de/sites/default/files/publications/pdf/2024-04/Schulbarometer_Lehrkraefte_2024_FORSCHUNGSBERICHT.pdf [Abruf am 06.06.2024]

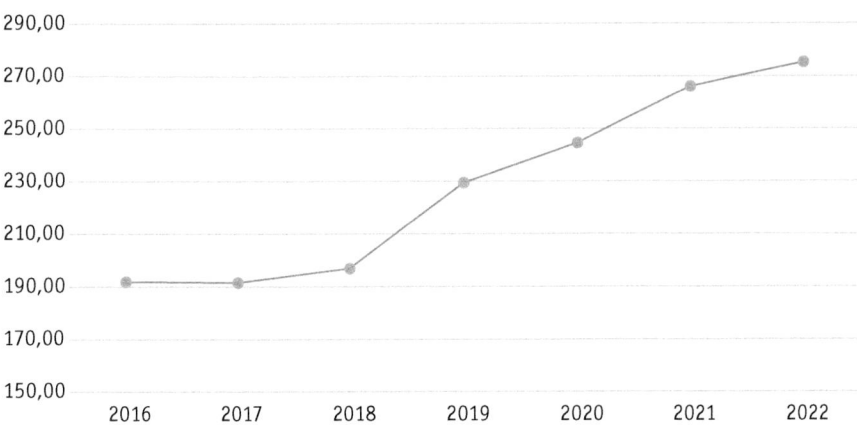

Abb. 5: Arbeitsunfähigkeitstage von Personen in Lehrberufen auf Grund von psychischen Erkrankungen (pro 100 Beschäftigte). Quelle: BKK-Dachverband

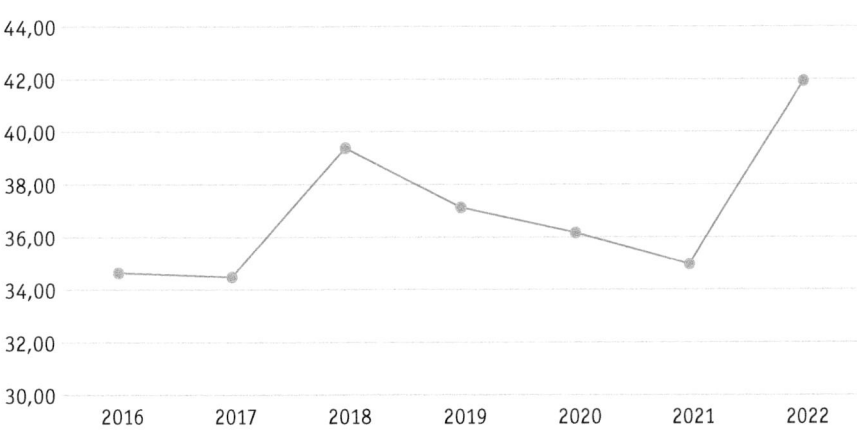

Abb. 6: Arbeitsunfähigkeitstage von Personen in Lehrberufen auf Grund von Herz-Kreislauf-Erkrankungen (pro 100 Beschäftigte). Quelle: BKK-Dachverband

lastung und Zeitmangel (28%), Personalmangel (26%) sowie Bildungspolitik und Bürokratie (21%).

Die Logik der kontinuierlichen Implementierung funktioniert (möglicherweise) in dem (fiktiven) Fall, in dem man unbegrenzte Ressourcen hat und kein Anspruch besteht, dass die Maßnahme zu objektiv messbaren Verbesserungen führen muss, sondern wenn es reicht, dass die Maßnahme die eigene Gewissheit stärkt, dass man etwas getan hat oder zum Erhalt einer Plakette führt, die man neben dem Schuleingang aufhängen kann. Sie funktioniert (möglicherweise), solange man ein Überangebot an Bewerberinnen und Be-

2 Ausgangslage: Wie immer mehr dazukommt und Schule trotzdem nicht besser wird

werbern hat. Dass dies nicht der Fall ist, kann der Abb. 7 entnommen werden, die die Lehrkräftebedarfsprognose der KMK bis 2035 zeigt.

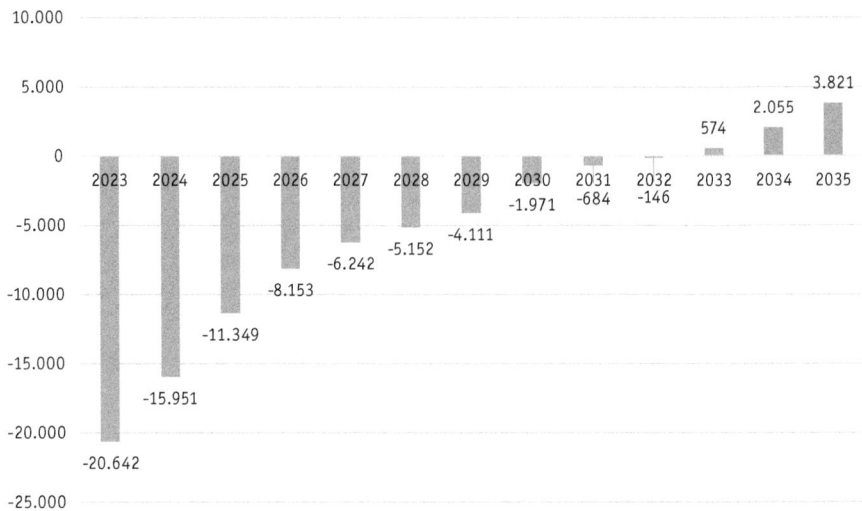

Abb. 7: Entwicklung der Differenz von Lehrkräfteangebot und -bedarf (lehramtsübergreifende Betrachtung). Quelle: KMK

»In der Summe der Berechnungen der einzelnen Länder stehen einem Einstellungsbedarf von 463.000 Lehrkräften in den Jahren 2023 bis 2035 lediglich 395.000 Neuabsolvierende des Vorbereitungsdienstes gegenüber, folglich ergibt sich rein rechnerisch eine Differenz in Höhe von 68.000 Lehrkräften« (KMK, 2023).

Ein kontinuierliches Hinzukommen von Aspekten, die Ressourcen erfordern, bei gleichzeitig sich verringernden personellen Ressourcen, verhindert die systematischen Verbesserungen, die Schulentwicklung anstrebt.

Paradoxerweise folgen auch alle gängigen Maßnahmen, die das Ziel der Gesundhaltung von Lehrerinnen und Lehrern verfolgen, dem Prinzip der Implementierung. Lehrkräfte sollen zusätzlich zur bestehenden Arbeit Achtsamkeitstrainings absolvieren, Yoga-Kurse besuchen oder an Resilienztrainings teilnehmen. Ziel ist es, dass bei unveränderter beruflicher Beanspruchung die individuellen Ressourcen, die nötig sind, um diese Beanspruchung zu bewältigen, verbessert werden. Die Beanspruchungen werden konstant gehalten, einzelne Personen sollen ihre Fähigkeit zum Umgang mit diesen Beanspruchungen trainieren.

In manchen Fällen kann eine Implementierung zu einer Ersetzung von Bestehendem führen und in der Folge, wenn das implementierte Merkmal dem bestehenden Merkmal überlegen ist, Arbeitsressourcen einsparen. Allerdings bedeutet dies nicht, dass der Ressourceneinsatz insgesamt verringert wird. Nachweisbar sind außerdem negative Auswirkungen von Reformprozessen der Implementierung auf die Arbeitszufriedenheit. Diese sind direkt nach der Implementierung am höchsten und dauern an, bis Lehrerinnen und Lehrer die Innovation in routinierte Tätigkeiten und in ihr Handlungsrepertoire überführen konnten (Wacker & Groß, 2014).

> **Zusammenfassung**
> Schulentwicklung in Deutschland konnte in den letzten zehn Jahren keine systematische Verbesserung wesentlicher schulischer Merkmale und Ergebnisse bewirken.
> Etwas verkürzt könnte man die dargestellten empirischen Daten so zusammenfassen: In den letzten zehn Jahren sind die Leistungen von Schülerinnen und Schülern und die allgemeine Schulqualität in Deutschland signifikant gesunken, während die psychische und physische Gesundheit von Lehrerinnen und Lehrern sich in diesem Zeitraum signifikant verschlechtert hat. Insofern hat Schulentwicklung in Deutschland ihre Ziele der systematischen Verbesserung von Schule durch additive Strategien nicht erreicht.

3 Was De-Implementierung bedeutet

> **Inhalte und Ziele**
> In diesem Kapitel geht es darum, wie der Begriff der De-Implementierung definiert wird, wie er von verwandten Begriffen abgegrenzt werden kann und wie er sich insbesondere vom Begriff der Implementierung unterscheidet. Verschiedene Arten der De-Implementierung werden vorgestellt.

De-Implementierung ist der Versuch, Entlastung mit Qualitätssteigerung zu vereinbaren. Sie kann bedeuten, Herangehensweisen, Praktiken, Methoden, Programme oder andere Merkmale einer Institution zu entfernen, die nicht oder nicht mehr die gewünschte Wirkung erzielen (Niven et al., 2015). Im medizinischen Kontext wird sie »als Nicht-mehr-Fortsetzen oder Aufgeben von Praktiken, die sich als nicht wirksam erwiesen haben, weniger wirksam oder kosteneffizient sind als alternative Praktiken oder potenziell schädlich sein könnten« (Walsh-Bailey, 2021, übersetzt) oder das »Einstellen von Praktiken, die nicht auf Evidenz basieren« (Prasad, 2014, übersetzt) definiert. Kürzer fassen van Bodegom-Vos et al. (2017) De-Implementierung als Aufgeben von bestehender *low-value practice*.

Der Begriff der *low-value practice*, der sich ins Deutsche nur etwas schwerfällig als »Praktiken mit niedrigem Nutzen« übersetzen lässt, ist der zentrale Begriff im Hinblick auf De-Implementierung (Dunsmore et al., 2023). Wir verwenden den Begriff der dysfunktionalen Praktik. Darunter werden nach McKay et al. (2018) Maßnahmen verstanden,

- die nicht wirksam sind,
- die schädlich sind,
- zu denen effektivere, kostengünstigere oder weniger ressourcenintensive Alternativen bestehen,
- die nicht länger nötig sind.

3.1 Missverständnisse

Das Prinzip der De-Implementierung (»Besser weniger – dafür weniger besser«) kann auf vielfältige Weise missverstanden werden, etwa

1. als reine Kosten- oder Ressourcenersparnis (»Machen wir halt einfach weniger«):
   De-Implementierung bedeutet nicht einfach, willkürlich weniger zu tun, sondern sorgfältig zu evaluieren, was wirklich effektiv ist und was nicht. Es geht darum, Ressourcen effizienter einzusetzen, indem unproduktive oder ineffektive Prozesse oder Maßnahmen identifiziert und reduziert werden.
2. als Aufgabe von Qualität zu Gunsten von Ressourcenschonung (»Weniger, aber schlechter«):
   De-Implementierung bedeutet nicht, die Qualität zu opfern, sondern sich auf das Wesentliche zu konzentrieren und sicherzustellen, dass die verbleibenden Maßnahmen oder Prozesse von hoher Qualität sind. Es geht darum, unnötige oder ineffiziente Elemente zu entfernen, während die Qualität erhalten oder sogar verbessert wird.
3. als Rückgängigmachen von vorher strategisch getroffenen Entscheidungen (»Weg damit, egal was die Intention war«):
   De-Implementierung ist nicht ein einfaches Zurücknehmen früherer Entscheidungen. Sie bedeutet nicht, ohne Rücksicht auf die ursprüngliche Absicht, Maßnahmen zu entfernen, sondern vielmehr eine flexible Anpassung an neue Anforderungen (▶ Kap. 5.1.2).
4. als Verlust von Innovation (»Zurück zum Alten«):
   De-Implementierung bedeutet nicht, einen früheren Zustand wiederherzustellen, sondern Raum für Innovation und Verbesserung zu schaffen. Es geht darum, Ressourcen für neue und innovativere Ansätze freizumachen, die besser den aktuellen Anforderungen gerecht werden.

3.2 Begriffliche Eingrenzung

Schon die Definitionen zeigen, dass hinter dem aus der Medizin stammenden Konzept der De-Implementierung bestimmte Annahmen stehen, die »mit dem Begriff Evidenzbasierung« zusammengefasst werden können. De-Implementierung basiert fundamental auf der Annahme, dass die Wirksamkeit von

3 Was De-Implementierung bedeutet

Praktiken mit einem hohen Grad von Objektivität bestimmbar ist. Hierin besteht der Unterschied zu »Ich mache einfach weniger«. De-Implementierung ist nicht die Reduzierung der eigenen beruflichen Tätigkeiten auf der Basis subjektiver Einschätzungen oder Vorlieben, sondern die systematische Reduzierung oder Entfernung von Tätigkeiten auf der Grundlage von möglichst gut abgesicherten Belegen.

Wie in Abb. 8 dargestellt, handelt es sich bei De-Implementierung um eine Art der Reform, die in manchen Fällen die Kriterien einer Innovation erfüllt. Eine Reform stellt eine intendierte und strukturierte Veränderung eines bestehenden Systems dar. Der Begriff Innovation setzt darüberhinausgehend die Umsetzung neuer Ideen, Kenntnisse und Praktiken und messbare oder zumindest wahrnehmbare Verbesserungen voraus (OECD, 2017).

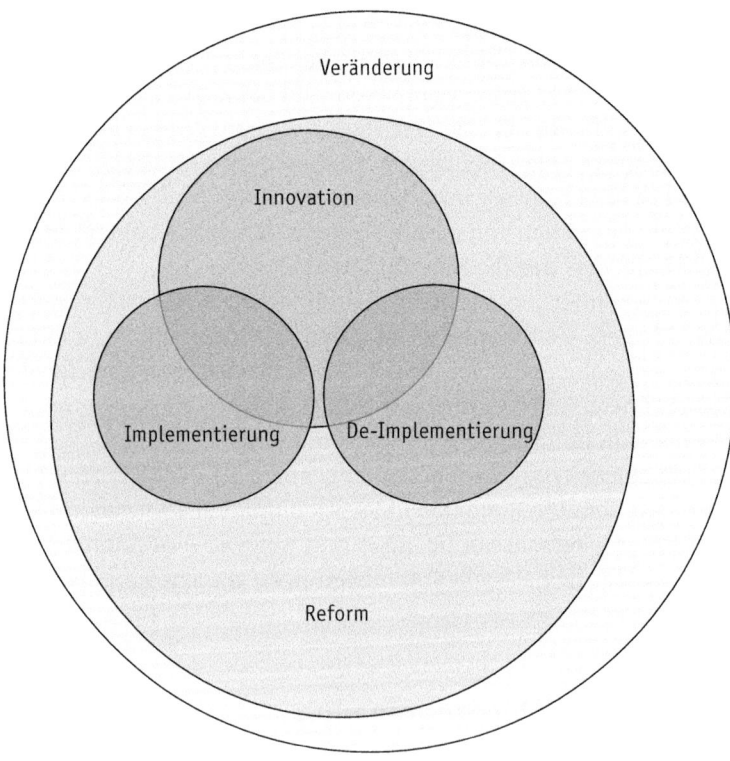

Abb. 8: Arten der Veränderung

Ansätze zur Reform von Systemen, Prozessen oder Strukturen in der Organisationsentwicklung können sehr unterschiedlich aussehen. Eine grundlegende Unterscheidung kann zwischen additiven und subtraktiven Strategien getroffen werden. Additive Strategien beinhalten das Hinzufügen neuer Elemente, Ressourcen oder Funktionen zu einem bestehenden System oder Prozess. Dies kann bedeuten, neue Technologien einzuführen, zusätzliche Mitarbeiter einzustellen oder weitere Funktionen zu implementieren.

Subtraktive Strategien hingegen beziehen sich auf das Entfernen oder Reduzieren von bestehenden Elementen, Ressourcen oder Funktionen. Es handelt sich um Prozesse der Modifikation oder Optimierung einer Organisation durch das Entfernen oder Reduzieren von bestimmten Elementen, Praktiken oder Strukturen. Statt neue Elemente hinzuzufügen, konzentriert man sich bei dieser Herangehensweise darauf, überflüssige oder ineffektive Aspekte zu eliminieren. Im Gegenzug werden Ressourcen frei, die für die Verbesserung von solchen Aspekten verwendet werden können, die tatsächlich zu Verbesserungen führen.

Implementierung ist additiv und bezieht sich auf das Einführen neuer Elemente, während De-Implementierung als subtraktive Strategie die Entfernung bestehender Elemente meint.

3.3 Lernen und Verlernen

De-Implementierung wird nicht einfach als das Gegenteil von Implementierung betrachtet, sondern als eigenständiger Prozess (Dunsmore et al., 2023; Patey et al., 2021). Ein wesentlicher Unterschied besteht darin, dass eine Person oder Organisation bei der Implementierung ein neues Verhalten erlernen muss, während die Annahme bei der De-Implementierung die ist, dass vorhandene Verhaltensweisen abgelegt werden müssen.

In vielen Texten zur De-Implementierung – z.B. Wang et al. (2018) im medizinischen Kontext oder DeWitt (2022) im pädagogischen Kontext – wird als Prozess, der diesem Ablegens von Verhaltensweisen zu Grunde liegt, der Begriff des *unlearning* (nicht exakt übersetzt als ›Verlernen‹, manchmal auch »Entlernen«) verwendet.

Der schwedische Sozial- und Wirtschaftswissenschaftler Bo Hedberg wird häufig als Begründer des Konzeptes des *unlearning* zitiert:

> »Das Wissen wächst, und gleichzeitig wird es obsolet, da sich die Realität verändert. Verstehen bedeutet sowohl das Erlernen neuen Wissens als auch das Ablegen veralteten Wissens. Der Prozess des Ablegens – das *Verlernen* – ist ein ebenso wichtiger Teil des Verstehens wie das Hinzufügen neuen Wissens. Tatsächlich scheint es, als ob langsames

Verlernen eine entscheidende Schwäche vieler Organisationen ist« (Hedberg, 1981, S. 3, übersetzt).

Anhand einer Anekdote wird der Prozess des *unlearnings* in einem weiteren Standardwerk zu diesem Thema (Starbuck, 1996) illustriert: Während des Kalten Krieges in den 1980er Jahren berichtete die schwedische Marine immer wieder von Eindringlingen in ihren Gewässern, die als mutmaßliche sowjetische U-Boote identifiziert wurden. Dies führte zu intensiven und kostspieligen Abwehroperationen, bei denen in erheblichem Umfang Bomben eingesetzt wurden. In den 1990er Jahren erhielt die schwedische Marine neue, modernere Sonar-Technologie. Diese ermöglichte eine genauere Analyse der zuvor aufgezeichneten Geräusche. Es stellte sich anhand dieser Analysen heraus, dass viele der Geräusche, die man für Anzeichen von sowjetischen U-Booten gehalten hatte, in Wirklichkeit von Minks stammten, kleinen Raubtieren aus der Familie der Marder. Ihre Bewegungen und Geräusche unter Wasser hatten die Sonar-Technologie der damaligen Zeit getäuscht, die neue Technologie war aber im Stande, ihre Signale von denen zu unterscheiden, die von U-Booten erzeugt werden. Starbuck (1996) folgert aus dieser Anekdote, dass Lernen in manchen Fällen nicht stattfinden kann, bis ein Verlernen stattgefunden hat.

Der Begriff *unlearning* erfreut sich als vermeintlich psychologischer Begriff für den Wechsel mentaler Modelle seit Jahrzehnten größter Beliebtheit in der Management-Literatur. Das Problem dabei ist, dass es sich in dem Sinne, in dem Hedberg und Starbuck den Begriff verwenden, gar nicht um einen psychologischen handelt, sondern vielmehr um ein Konzept, das vor allem in der Sprache von Business-Coaches vorkommt. Howells und Scholderer (2016) zeigen in einer akribischen Recherche, dass der Begriff in der psychologischen Fachliteratur nicht auftaucht und sich auch empirisch nicht operationalisieren lässt. Laut der beiden Autoren gibt es keine empirischen Belege für einen unabhängigen Prozess des *unlearning*, bei dem gelernte Informationen gelöscht und dadurch den Erwerb neuer Informationen unterstützt wird. Hedberg (1981) und Starbuck (1996) beschreiben keinen Prozess des Verlernens, sondern einen konventionellen Theorie-Wandel, bei dem neues Wissen, das nicht zu einer etablierten Theorie oder Vorgehensweise passt, eine Änderung im Verständnis auslöst.

Unlearning ist folglich als Konzept zur Beschreibung von De-Implementierungsprozessen ungeeignet. Die Voraussetzung für diese Prozesse ist nicht das Verlernen von Verhaltensweisen, sondern schlicht die Feststellung, dass diese Verhaltensweisen für das Erreichen bestimmter Ziele nicht oder nicht mehr geeignet sind.

Da es sich bei beiden Prozessen um Reformprozesse handelt – also Prozesse, die etablierte Praktiken verändern – treten bei der De-Implementierung die gleichen kognitiven Verzerrungen auf, die Implementierungsprozesse verhindern oder beeinträchtigen:

- der Status-Quo-Bias, also die Tendenz, den aktuellen Zustand gegenüber Veränderungen zu bevorzugen,
- die Reaktanz, also die negative Reaktion von Menschen, wenn diese das Gefühl haben, dass ihre Freiheit oder Autonomie eingeschränkt wird,
- der herding bias, also die Tendenz, sich den Entscheidungen und Verhaltensweisen der Mehrheit anzuschließen.

Es lässt sich jedoch empirisch zeigen, dass bei der De-Implementierung zusätzliche Verzerrungen auftreten (van Bodegom-Vos, et al., 2017, ▶ Kap. 4.2.1). Darum ist der Prozess der De-Implementierung in der Regel noch anspruchsvoller als die Einführung neuer Praktiken.

3.4 Arten der De-Implementierung

Es gibt grundsätzlich vier Arten der De-Implementierung (Wang et al., 2018):

- Erstens: Reduzierung von Praktiken, wenn keine Nachweise für ihren Nutzen existieren
- Zweitens: Einstellung ohne Ersatz, wenn keine Nachweise für ihren Nutzen existieren
- Drittens: Ersatz durch eng verwandte und effektivere Praktiken
- Viertens: Ersatz durch nicht verwandte Praktiken.

Wang et al. (2018) unterscheiden vier De-Implementierungsstrategien. Diese wurden von DeWitt (2022) und Hamilton (2023) für den schulischen Bereich adaptiert:

Reduce – Remove – Replace – Re-engineer

Ins Deutsche übertragen und zur besseren Memorierbarkeit mit einem Akronym verbunden entsteht:

3 Was De-Implementierung bedeutet

Reduzieren – **A**ustauschen – **S**toppen – **T**ransformieren (RAST)

DeWitt (2022) unterscheidet darüber hinaus informelle Formen und formelle Formen der De-Implementierung. Unter informellen Prozessen fasst er diejenigen zusammen, die individuell vollzogen werden können (Mikro-Ebene). Hier geht es um die direkte Lehrtätigkeit, pädagogische Methoden und den Umgang mit einzelnen Schülerinnen und Schülern. Formelle De-Implementierung bezieht sich dagegen auf diejenigen Prozesse, die eine Zusammenarbeit mehrerer Personen erfordern und Prozesse auf Organisationsebene (Meso-Ebene) verändern. Diese betreffen in erster Linie die Schulleitung und umfassen Bereiche wie die Koordination von Lehrplänen, schulinterne Richtlinien und das Zusammenspiel der verschiedenen Akteure innerhalb der Schule. Zusätzlich zu DeWitts Unterscheidung können De-Implementierungsprozesse auch auf Rahmenbedingungen und Vorgaben des gesamten Bildungssystems (Makro-Ebene) bezogen sein. Hierzu zählen etwa Entscheidungen der Bildungspolitik oder gesetzliche Regelungen. Die Unterscheidung dieser drei Ebenen ist in Tab. 1 überblicksartig dargestellt.

Tab. 1: Formelle und informelle De-Implementierung (in Anlehnung an DeWitt, 2022)

Typ	Eigenschaften	Beispiele
Mikro-Ebene	• Veränderung kann individuell vollzogen werden • Veränderung wirkt sich auf die Einzelperson oder ihr unmittelbares Umfeld aus • Veränderung kann unmittelbar begonnen werden • Veränderung wird sofort sichtbar	• Tür-und-Angel-Gespräche abstellen • Rechenschaftsablagen im Unterricht weglassen • auf Dekoration des Klassenzimmers verzichten
Meso-Ebene	• Veränderung erfordert ein Team • Veränderung beeinflusst die gesamte Schule oder große Teile • Veränderung erfordert eine Datenerhebung aus verschiedenen Quellen • Veränderung wird meist erst nach Monaten sichtbar	• Tage der offenen Tür abschaffen • One-shot-Fortbildungen einstellen • auf Informationskonferenzen verzichten und diese durch schriftliche Information ersetzen
Makro-Ebene	• Veränderung erfordert politische Entscheidungen oder Entscheidungen übergeordneter Instanzen	• Verpflichtung zu Korrekturen reduzieren • Dokumentationspflicht einschränken

3.4 Arten der De-Implementierung

Tab. 1: Formelle und informelle De-Implementierung (in Anlehnung an DeWitt, 2022) – Fortsetzung

Typ	Eigenschaften	Beispiele
	• Veränderung beeinflusst mehrere Schulen • Veränderung erfordert umfangreiche Forschung sowie die Einbeziehung verschiedener Interessengruppen • Veränderung wird meist erst nach Jahren sichtbar	• bürokratische Prozesse entfernen

Zusammenfassung
Bei der De-Implementierung im schulischen Bereich handelt es sich um eine subtraktive Strategie der Reform, die auf der Basis von Evidenz dysfunktionale Praktiken, also Praktiken mit geringem Nutzen oder schädliche Praktiken, mit den beiden Zielen der Qualitätssteigerung und Ressourcenschonung reduziert oder entfernt.

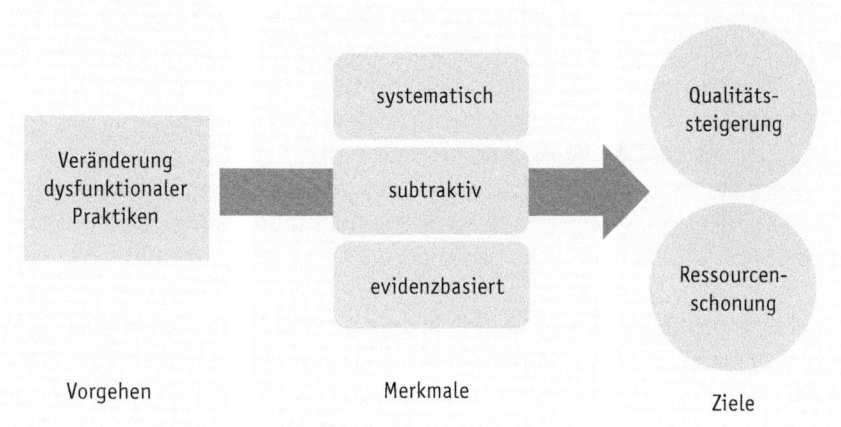

Abb. 9: Vorgehen, Merkmale und Ziele der De-Implementierung

4 Hürden und Hemmnisse: Woran De-Implementierung scheitern kann

Inhalte und Ziele

In diesem Kapitel geht es darum, warum Schulen gegenüber Veränderungen grundsätzlich widerstandsfähig sind und warum dies Prozesse der De-Implementierung in besonderer Weise betrifft. Anhand des Begriffs der *grammar of schooling* wird gezeigt, dass das Schulsystem grundlegende Rahmenbedingungen aufweist, die schwer bis gar nicht veränderbar sind und das Entfernen von Komponenten, die Teil dieser Rahmenbedingungen sind, kaum möglich ist. Es geht darum, wie vorhandene Strukturen und Regeln De-Implementierung verhindern können.

Es wird gezeigt, wie verschiedene kognitive und emotionale Prozesse als innere Hürden rationalen Entscheidungen entgegenwirken und wie vorhandene Denkmuster, Überzeugungen und Glaubenssätze De-Implementierung hemmen können. Die Schwierigkeiten bei der Erfassung von Arbeitsqualität im Schulsystem werden skizziert und es wird erläutert, wie diese Schwierigkeiten zu einer Gleichsetzung von Quantität und Qualität von Arbeit führen. Es geht auch darum, wie falsche Anreize und Konsequenzen einer De-Implementierung im Weg stehen können.

Ziel dieses Kapitels ist es, eine Reflexionsgrundlage für innerpsychische und soziale Prozesse bereitzustellen, die genutzt werden kann, um zu verstehen, warum Personen oder ganze Institutionen De-Implementierungsprozesse ablehnen oder verhindern.

Das wahrscheinlich größte Missverständnis ist, dass De-Implementierung als rein technisches Problem aufgefasst wird, das durch Methoden oder Werkzeuge gelöst werden kann, statt als grundsätzliches Umdenken, das die Veränderung von institutionellen Regeln, Denkmustern, Überzeugungen sowie Anreizen erfordert. Die drei folgenden Unterkapitel beschäftigen sich jeweils mit einem Aspekt der Verhinderung von De-Implementierung. Diese sind in Abb. 10 dargestellt.

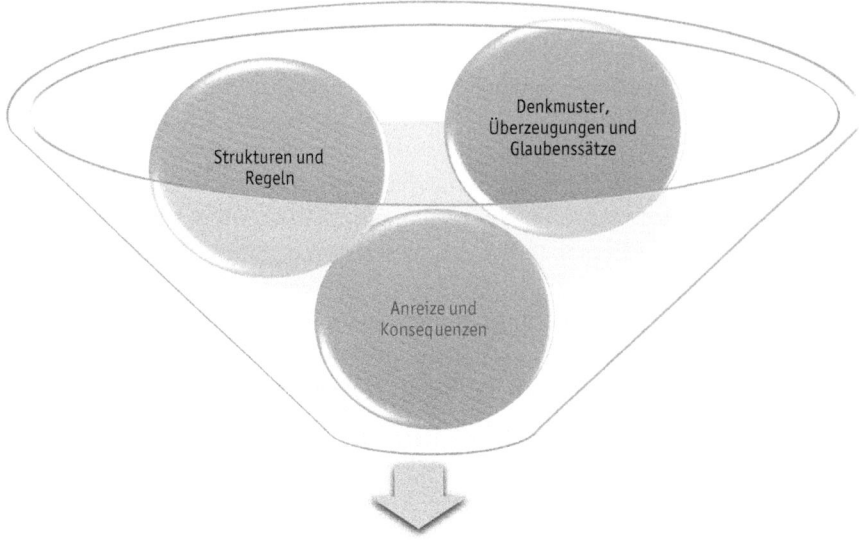

Verhinderung von De-Implementierung

Abb 10: Verhinderung von De-Implementierung

4.1 Warum Schule so ist, wie sie ist – und sich kaum ändert

Im Jahr 2000 flog der Gründer eines jungen Unternehmens namens Netflix, Reed Hastings, nach Dallas, um dem CEO des Videotheken-Giganten Blockbuster Video, John Antioco, eine Partnerschaft vorzuschlagen. Blockbuster hatte zu diesem Zeitpunkt weltweit etwa 7.500 Videothek-Filialen, in denen man Filme als DVDs ausleihen konnte und einen Jahresumsatz von sechs Milliarden Dollar. Netflix war ein kleines Startup-Unternehmen ohne nennenswerte Umsätze, das zu diesem Zeitpunkt beträchtlich im Minus steckte. Bei Netflix konnte man Filme über das Internet bestellen, bekam die DVDs dann zugeschickt und konnte diese per kostenlosem Retoure-Couvert zurückschicken. Die Idee für Netflix war entstanden, weil Hastings sich geärgert hatte, dass er 40 Dollar Strafgebühr dafür zahlen musste, dass er eine DVD zu spät in die Filiale seiner Blockbuster-Videothek zurückgebracht hatte. Eine solche Strafgebühr für verspätete Rücksendungen gab es bei Netflix daher auch nicht. Die Bestrafung von Kundinnen und Kunden war in Hastings' Sicht eine nicht zielführende Unternehmenspraxis und daher de-implementierte er diese.

Nachdem Antioco keine Partnerschaft mit Netflix wollte, stellte Hastings 2007 sein Geschäftsmodell komplett vom DVD-Versand auf Streaming um. Drei Jahre später musste Blockbuster Konkurs anmelden. Netflix macht heute einen Jahresumsatz von 28 Milliarden Dollar. Die Vorstellung, in eine Filiale zu gehen oder zu fahren, um sich einen Film auszuleihen, wirkt wie aus der Zeit gefallen und jüngere Personen kennen diese Form des Ausleihens von Filmen vielleicht gar nicht mehr.

Blockbuster hielt an seinem für lange Zeit sehr erfolgreichen Geschäftsmodell fest. Ein Teil dieses Geschäftsmodells war, dass ein hoher Teil der Umsätze durch Strafgebühren für verspätete Rückgaben entstanden. Den Verantwortlichen bei Blockbuster war klar, dass es nicht besonders gut ankam, Kundinnen und Kunden zu bestrafen. Sie wussten auch, dass das Internet immer mehr Möglichkeiten eröffnete, die Menschen davon abhalten würden, den Weg in die Videothek-Filiale auf sich zu nehmen, um sich eine DVD zu leihen. Aber sie reagierten nicht darauf. Im Gegenteil: Als John Antioco einige Jahre nach Ablehnung des Netflix-Deals das Strafgebührenmodell selbst abschaffen und auf Online-Modell setzen wollte, wurde er gefeuert.

Das System Blockbuster Video hatte das Selbstverständnis einer Filialkette, und es hatten sich auf der Basis dieses Selbstverständnisses bestimmte unveränderbare Strukturen und Glaubenssätze etabliert: Wenn jemand einen Film ausleihen möchte, dann geht er in eine Filiale (von denen es so viele gab, dass niemand einen weiten Weg hatte). Vielleicht kauft man für den gemütlichen Video-Abend auch noch Snacks, die die Filiale ebenfalls anbietet. Strafgebühren erziehen die Kunden zu rechtzeitigem Zurückgeben und führen zusätzlich zu höheren Einnahmen.

Blockbuster war ein riesiges Unternehmen und gerade, weil es lange Zeit so enorm erfolgreich gewesen war, hielt man auch dann noch an dem fest, was man »für richtig hielt«, als man schon wusste, dass dieses Festhalten das Unternehmen in den Abgrund stürzen würde.

4.1.1 Grammar of schooling

»So sind Schulen eben.«

Das, was »man für richtig hält«, spielt auch im System Schule eine gewichtige Rolle. Im Jahr 1994 beschrieben die Erziehungswissenschaftler und Historiker David Tyack und William Tobin unter der Bezeichnung *grammar of schooling* das Phänomen, das hinter der Widerstandsfähigkeit der Schule gegenüber Veränderungen steckt. Es handelt sich laut der beiden Autoren um Strukturen und Regeln von Schule, die ähnlich wie eine Grammatik weitgehend unveränderlich sind. Diese Strukturen geben die Rahmenbedingungen dafür vor, wie Lernen organisiert wird. Dazu zählen etwa die Einteilung von Schülerinnen und Schülern nach Alter in Jahrgangsstufen, die zeitliche Einteilung des Schultages in Unterrichtsstunden, das Klassenzimmer als räumlichen Rahmen usw. Zwar kann jede Lehrerin und jeder Lehrer ihren oder seinen Unterricht relativ frei ausgestalten, jedoch sind dabei immer bestimmte organisatorische Regeln einzuhalten. Ebenfalls analog zu einer Grammatik geschieht ihre Anwendung umso flüssiger, je weniger die Grammatik dabei reflektiert wird. Etablierte institutionelle Formen werden von Lehrerinnen und Lehrern, Schülerinnen und Schülern und der Öffentlichkeit als die Merkmale dessen verstanden, was eine »richtige Schule« ausmacht (Tyack & Tobin, 1994). Bestimmte alltägliche Gepflogenheiten in den Schulen, gesetzliche Vorgaben und auch kulturelle Überzeugungen sind so selbstverständlich, dass sie – eben wie eine Grammatik – ohne Reflexion angewendet und dabei kaum noch wahrgenommen werden. Sie werden in der Wahrnehmung zu dem, »wie Schulen eben sind«.

Die heute gültige Organisationsgrammatik der Schulen entstand im 19. und frühen 20. Jahrhundert aus einer Analogie von Schulen zu Fabriken (Quesel, 2012). Und nach über 100 Jahren kann man natürlich die Frage stellen: Warum ändert man diese Grammatik nicht einfach, wenn man feststellt, dass sie nicht mehr zu den aktuellen Anforderungen passt, die an Schule gestellt werden und zudem zu ungünstigen Auswirkungen führt?

Zum einen hat diese Grammatik eine sinnvolle Funktion: Der Bildung von Routinen kommt im Beruf der Lehrerin oder des Lehrers eine besonders hohe Bedeutung zu. Durch die hohe Interaktionsdichte müssen Lehrerinnen und Lehrer pro Stunde hunderte bis tausende Einzelentscheidungen treffen (Hillert et al., 2013). Zur Entlastung der Aufmerksamkeit ist es gar nicht anders möglich, als wesentliche Teile des beruflichen Tuns über Routinen zu steuern.

Zum anderen kann die *grammar of schooling* aber auch sinnvolle und notwendige Veränderungen verhindern. Es wird immer wieder beschrieben, wie die Organisationsgrammatik von Schulen Implementationen von Innovationen verhindert (Cuban, 1993; Labaree, 2021; Tyack & Cuban, 1995). Innovationen im Schulsystem scheitern neben unerwünschten Nebeneffekten, Widerständen, fehlender Einbeziehung der Beteiligten und bürokratischen Hürden daran, dass sie die Existenz einer der Organisationsgrammatik des Schulwesens, der Verbindung von Traditionen, institutionellen Normen,

Spielregeln und geteilten, unhinterfragten Überzeugungen, ignorieren (Viñao Frago, 2001).

Wendet man Tyacks und Tobins Analogie der Grammatik aber konsequent an, so besteht die wesentliche Schwierigkeit in Bezug auf Veränderungen nicht im Hinzufügen von Neuem, sondern im Entfernen von Bestehendem. In diesem Sinne verhindert die *grammar of schooling* primär Prozesse der De-Implementierung, die darauf abzielen, dysfunktionale Praktiken im Bildungssystem zu identifizieren und zu entfernen. Schwieriger als Menschen dazu zu bringen, etwas Neues zu tun, ist es, sie dazu zu bringen, etwas Bestehendes nicht mehr zu tun (Norton & Chambers, 2020).

Unabhängig davon, ob man Noten befürwortet oder ablehnt, ist es eine der elementarsten Regeln der *grammar of schooling*, dass Lehrerinnen und Lehrer Schülerinnen und Schüler bewerten. Tatsächlich steht eine Mehrheit der Lehrkräfte Noten positiv gegenüber (63,4 % sind gegen eine Schule ohne Zensuren, 68,6 % wollen auf Zeugnisse nicht verzichten) und auch eine Mehrheit der Schülerinnen und Schüler (76 %) lehnt eine Schule ohne Zensuren ab (Jachmann, 2003). Noten werden offensichtlich als Teil dessen aufgefasst, »wie Schulen eben sind«.

Es gibt viele Untersuchungen, die zeigen, dass Noten problematisch sind, grundlegenden Messgütekriterien nicht genügen, Verzerrungen unterliegen usw. (zusammenfassend Ingenkamp & Lissmann, 2008; Schrader, 2013). Aber es gibt trotz tausender entsprechender Modellversuche und notenloser alternativer Schulformen kaum Untersuchungen dazu, was passiert, wenn man sie abschafft.

Tatsächlich zeigen die wenigen vorliegenden Forschungsergebnisse, dass Schülerinnen und Schüler sich auch nach der Abschaffung von Noten in hohem Maße miteinander anhand ihrer Leistung vergleichen (Fleischmann et al., 2021). Noten sind nur eine Form der Symbolisierung des Vergleichs von Schülerinnen und Schülern mit einer Referenzgruppe anhand ihrer Leistung und damit nur ein Instrument eines schulischen Prinzips (Jachmann, 2003). Und dies ist ein deutlicher Hinweis darauf, dass durch die strukturelle Veränderung der Notenabschaffung das Grundprinzip der *grammar of schooling* nicht angetastet wird: Schülerinnen und Schüler werden durch Lehrerinnen und Lehrer bewertet. Was sich durch einen Verzicht auf Noten nicht ändert, ist, dass Lehrkräfte bereits nach wenigen Schulwochen feste und dann wenig veränderbare Erwartungen diesbezüglich bilden, wie leistungsfähig die einzelnen Schülerinnen und Schüler sind und diese Erwartungen den Schülerinnen und Schülern, ob sie wollen oder nicht, auf meist subtile Weise kommunizieren (Brophy & Good, 1970). Bei Lernenden, die die Lehrperson als leistungsschwach einschätzt, wartet sie beispielsweise länger auf eine Antwort als bei denen, die sie für leistungsstark hält. Ersteren gibt sie für die Gruppenarbeit leichtere Aufgaben, letzteren schwierigere. Erstere lobt sie für die Antwort auf eine einfache Frage, bei Letzteren nimmt sie die richtige Antwort auf eine schwierige Frage als selbstverständlich hin. All dies sind Formen der Bewertung und all dies sind Formen des Vergleichs zwischen den Schülerinnen und Schülern einer Klasse. Sie sind nicht explizit wie Noten, aber sie führen zum gleichen Resultat: Schülerinnen und Schüler finden sich irgendwo auf einem Leistungsranking wieder, das durch die Lehrkraft definiert wird.

Das Beispiel der Notengebung zeigt, dass die Entfernung von schulischen Praktiken daran scheitern kann, dass diese ein Teil der Organisationsgrammatik von Schule sind. Ähnlich wie bei Blockbuster Video, das trotz des offensichtlichen Potenzials von Online-Streaming an seinem etablierten Geschäftsmodell festhielt, halten Schulen oft an Traditionen und Routinen fest, auch wenn diese nicht mehr den aktuellen Anforderungen entsprechen.

> **Reflexion**
> Identifizieren Sie drei spezifische nicht zielführende oder wenig wirksame Praktiken an Ihrer Schule, die von der *grammar of schooling* geprägt sind. Beschreiben Sie, wie die De-Implementierung dieser Praktiken durch die *grammar of schooling* behindert werden kann.

4.1.2 Einzelkämpfer-Denkmuster

»What happens in my classroom, stays in my classroom.«

Neben der *grammar of schooling* gibt es ein weiteres tief im Schulsystem verwurzeltes Strukturelement, das der Erziehungswissenschaftler Dan Lortie in den 1970er Jahren als ›Autonomie-Paritäts-Muster‹ beschrieb. Es handelt sich dabei um ein berufsstrukturelles Merkmal, das im Laufe der beruflichen Sozialisation, vor allem in der Phase der Ausbildung, erworben wird und das durch zwei Grundsätze gekennzeichnet ist (Lortie, 1972):

- Niemand greift in den Unterricht von Lehrkräften ein, pädagogische Entscheidungen werden autark getroffen (Autonomie).
- Alle Lehrkräfte werden im Wesentlichen gleichbehandelt, es gibt kaum Besoldungsunterschiede und niedrige Hierarchien (Parität).

Autonomie und Parität sind an sich positiv konnotierte Begriffe, aber für das Schulsystem bedeutet dieses Muster:

- Was und wie Lehrkräfte arbeiten, geht niemanden etwas an.
- Jede und jeder arbeitet für sich.
- Rückmeldungen zur Arbeit sind nicht erwünscht, Feedback durch andere wird meist abgelehnt (Gärtner, 2013; Richter & Pant, 2016).
- Über die Qualität der Arbeit können keine Aussagen getroffen werden.
- Auch wenn die Qualität der Arbeit niedrig ist, wird das nicht thematisiert.

Als strukturelles Merkmal kann das Autonomie-Paritätsmuster De-Implementierungsprozessen auf substantielle Art und Weise und in vielfältiger Hinsicht im Weg stehen: Wenn Lehrkräfte überwiegend isoliert arbeiten und keine kooperativen Strukturen existieren, fehlen die notwendigen Kommunikationswege und Kooperationsmöglichkeiten, um gemeinsam festzustellen, welche Praktiken überflüssig oder ineffektiv sind und daher abgeschafft werden sollten. Ohne Feedback fehlen Lehrkräften Informationen zur Qualität der eigenen Arbeit. Es gibt keine systematischen Rückmeldungen, die darauf hinweisen könnten, welche Praktiken ersetzt oder abgeschafft werden sollten. Dies verhindert die Erkennung und Diskussion dysfunktionaler Praktiken. Wenn die Qualität der pädagogischen Arbeit nicht thematisiert wird, fehlen die Grundlagen für datenbasierte Entscheidungen. Ohne solche Daten ist es nahezu unmöglich, fundierte Entscheidungen über De-Implementierungen zu treffen. Wenn geringe Qualität nicht thematisiert wird, bleibt die Notwendigkeit für Veränderungen unsichtbar.

Bei wie vielen Lehrkräften das Autonomie-Paritäts-Denkmuster tatsächlich zu beobachten ist, wurde in einer Studie aus dem Jahr 2011 (Eder et al., 2012) anhand einer Stichprobe von 1.113 angehenden Lehrkräften untersucht. Der Anteil der Lehrpersonen mit ausgeprägtem Autonomie-Paritäts-Muster lag bei 36 %. Weitere 27 % der Versuchspersonen klassifizierten sich sogar als Einzelkämpfer, die also genau wie die Personen mit Autonomie-Paritäts-Muster Kooperation ablehnen, im Gegensatz zu diesen aber für eine differenzierte Behandlung von Lehrkräften anhand ihrer Leistung eintreten. Der Anteil der Lehrerinnen und Lehrer, die sich selbst als Teamplayer sahen, lag bei 36 %. Insgesamt lehnten also fast zwei Drittel der Stichprobe Kooperation mit Kolleginnen und Kollegen ab. In einer repräsentativen Lehrkräftebefragung aus dem Jahr 2006 (Kanders & Rösner, 2006; Stichprobengröße: 1.034) stimmten 62 % der Befragten der Aussage »In den Unterricht redet mir niemand hinein« völlig oder überwiegend zu.

Andere Untersuchungen zur Kooperation in Fachgruppen oder Fachschaften zeigen, dass auch in diesem institutionellen Rahmen wenig Verständnis einer gemeinsamen Weiterentwicklung herrscht, gemeinsame Sitzungen nicht für eine tiefergehende Auseinandersetzung mit Unterricht genutzt werden und gemeinsame Zielvereinbarungen häufig auf dem Niveau eines vagen Informationsaustausches stehen bleiben (Gräsel et al., 2006). Insgesamt lassen sich Kooperationsprozesse, bei denen die Zusammenarbeit zu tatsächlichen gemeinsam geschaffenen Arbeitsergebnissen führt, in Lehrkräftekollegien empirisch kaum nachweisen (Trumpa et al., 2016).

Was bewirkt das Einzelkämpfer-Denkmuster? Das Autonomie-Paritäts-Muster äußert sich in einer Art Las-Vegas-Mentalität (»What happens in my classroom, stays in my classroom«), die verhindert, dass gegenseitiges Feedback und gegenseitiger Austausch von Ideen und Materialien zu einer kritischen Reflexion und gleichzeitig zu einer Arbeitserleichterung führen können. Gleichzeitig verhindert die Ideologie der Gleichheit, Unterschiede in der Professionalität anzuerkennen. Und so kann beides in Kombination dem Anspruch entgegenwirken, die Qualität von Unterricht weiterzuentwickeln. Die Psychologen Andreas Soltau und Malte Mienert stellen die Hypothese auf, dass Isolation die Funktion hat, das unsichere professionelle Selbstbild vor Kritik der anderen Lehrpersonen zu schützen, die durch Formen der Zusammenarbeit ansonsten Einblicke in die Privatsphäre des Unterrichts gewinnen könnten (Soltau & Mienert, 2010). Und nicht zuletzt hat die Forschung zur Lehrkräftegesundheit Einzelkämpfertum bereits vor vielen Jahren als wesentliches Vorhersagemerkmal von Burnout-Erkrankungen identifiziert (Schaarschmidt & Kieschke, 2013).

> **Reflexion**
> Eine Kollegin oder ein Kollege schlägt Ihnen vor, eine gegenseitige Unterrichtshospitation durchzuführen. Was löst dieser Vorschlag bei Ihnen aus? Wie erklären Sie sich die auftretenden Gedanken und Gefühle?

4.1.3 Verantwortungsdiffusion

»Das liegt nicht in meiner Hand.«

Ein drittes wesentliches Strukturmerkmal von Schule, das De-Implementierungsprozesse verhindern oder ausbremsen kann, ist die Verantwortungsdiffusion, ein Phänomen, das erstmals im Jahr 1968 durch die Psychologen John Darley und Bibb Latané beschrieben wurde. In ihrer bekanntesten Studie inszenierten die beiden Forscher ein Szenario, bei dem Teilnehmerinnen und Teilnehmer allein oder in Gruppen auf einen vermeintlichen Notfall reagieren mussten. Sie stellten fest, dass Einzelpersonen eher eingreifen und Hilfe leisten als Personen in Gruppen. Erhöht sich die Anzahl anwesender oder beteiligter Personen, verringert sich automatisch die subjektiv wahrgenommene Verantwortlichkeit des Einzelnen und die Wahrscheinlichkeit, initiativ zu werden, sinkt.

Die Verantwortungsdiffusion tritt auf, wenn in einer Gruppe von Menschen die Verantwortung für eine bestimmte Aufgabe oder Entscheidung nicht klar zugewiesen ist. In schulischen Kontexten kann dies bedeuten, dass Lehrkräfte, Schulleitungen oder übergeordnete Instanzen jeweils davon ausgehen, dass jemand anderes für bestimmte Veränderungen zuständig ist, was letztlich dazu führt, dass notwendige Maßnahmen nicht ergriffen werden. In einem Umfeld, in dem viele Akteure beteiligt sind, ein hoher Grad von Autonomie herrscht und es nur in geringem Maße eine festgelegte Aufgabenverteilung gibt, kann es leicht passieren, dass niemand die Initiative ergreift, weil jeder darauf vertraut, dass ein anderer die Verantwortung übernimmt. Zudem kann die Angst vor möglichen negativen Konsequenzen oder Konflikten, die mit der De-Implementierung einhergehen, dazu führen, dass sich Individuen passiv verhalten. Dies wird verstärkt durch den Wunsch, sich nicht aus der Gruppe hervorzuheben oder gegen den Status quo zu agieren. Im Falle angestrebter De-Implementierungen kann dies zu einer Stagnation führen, bei der bestehende Strukturen und Prozesse unangetastet bleiben, obwohl Veränderungen als erforderlich wahrgenommen werden.

In einer beispielhaften Schule gibt es ein veraltetes papierbasiertes Formularsystem zur Verwaltung von administrativen Angelegenheiten. Weil diese Formulare mittlerweile selten genutzt werden und viele Prozesse informell digital oder direkt durch Kommunikation abgewickelt werden, regt die Lehrkräftekonferenz an, die Formulare zu entfernen. Die Schulleitung sieht für eine Änderung administrativer Angelegenheiten primär die Dienstaufsicht verantwortlich und stellt dort eine Anfrage, ob die Entfernung zulässig ist. Die Dienstaufsicht teilt mit, dass für schulinterne administrative Entscheidungen ausschließlich die Schulleitung zuständig ist. Diese wiederum stellt aber fest, dass unter den Formularen auch solche sind, die nicht zweifelsfrei ausschließlich schulinterne Angelegenheiten betreffen. Einzelne Kolleginnen und Kollegen haben die Entscheidung der Lehrkräftekonferenz nicht mitbekommen und fragen weiterhin nach den alten Formularen. Das Sekretariat fühlt sich nicht autorisiert, die alte Formularablage zu entfernen, da es keine Anweisung zur Entfernung gibt und die Formulare weiterhin angefragt werden.

Mit der *grammar of schooling*, dem Autonomie-Paritäts-Muster und der Verantwortungsdiffusion liegen drei kennzeichnende Strukturmerkmale des Systems Schule vor, die De-Implementierungsprozessen im Wege stehen. Die *grammar of schooling* sorgt dafür, dass tief verwurzelte Traditionen und Praktiken bestehen bleiben, da Lehrkräfte und Schulleitungen an etablierte Routinen gewöhnt sind und Veränderungen oft als Bedrohung empfinden. Das Autonomie-Paritäts-Muster verstärkt dies, indem es die individuelle Freiheit der Lehrerinnen und Lehrer betont und gleichzeitig die Notwendigkeit zur Gleichwertigkeit und Kooperation im Kollegium unterstreicht, was dazu führt, dass Veränderungen vermieden werden, um die Harmonie nicht zu stören. Verantwortungsdiffusion trägt zusätzlich dazu bei, indem unklar ist, wer für die De-Implementierung zuständig ist, was dazu führt, dass niemand die Initiative ergreift und überholte oder ineffektive Programme bestehen bleiben. Diese drei Phänomene zusammen erzeugen eine komplexe Barriere gegen Veränderungen, da sie tief in den organisatorischen und kulturellen Strukturen der Schule verwurzelt sind, was den Abbau ineffizienter Praktiken erheblich erschwert.

> **Reflexion**
> Betrachten Sie Ihre eigenen Erfahrungen oder Beobachtungen im Schulsystem im Hinblick auf die genannten drei Strukturmerkmale – *die grammar of schooling*, das Autonomie-Paritäts-Muster und die Verantwortungsdiffusion. Wie haben diese Merkmale möglicherweise Veränderungsprozesse in Ihrer Institution beeinflusst?

4.2 Warum Menschen an sinnlosen Dingen festhalten

> **Beispiel: Korrekturen**
> Korrekturen machen im Durchschnitt ungefähr ein Siebtel der gesamten Arbeitszeit einer Lehrerin oder eines Lehrers aus (Mußmann et al., 2016) – in korrekturintensiven Fächern teilweise sogar deutlich mehr. Bei einer Gesamtzahl von 975.000 Lehrkräften in Deutschland[2] mit einer Arbeitszeit

---

2 https://statistik.arbeitsagentur.de/DE/Statischer-Content/Statistiken/Themen-im-Fo

von 40 Stunden pro Woche werden folglich etwa 223 Millionen Arbeitsstunden pro Schuljahr für Korrekturen aufgewendet. Diese werden von Lehrerinnen und Lehrern in der Regel als unangenehm bis belastend erlebt (Hillert et al., 2018; Schaarschmidt, 2006; Varol et al., 2021). Man sollte folglich davon ausgehen können, dass der erhebliche Zeit- und Ressourcenaufwand auch einen erheblichen Nutzen erzeugt.

In einer Metaanalyse zu korrektivem Feedback von John Truscott (2007) werden Produkte der Schülerinnen- und Schüler im Sprachenunterricht verglichen. Das Ziel besteht darin, einen umfassenderen Überblick über die Wirkung eines Merkmals zu gewinnen, als es in einer einzelnen Studie möglich wäre. Truscott untersucht, wie sich Rechtschreibung, Grammatik, Ausdruck oder Inhalt durch Korrekturen und entsprechende Überarbeitungen verbessern, und zwar in der Form, dass Fehler sich reduzieren und die Qualität von Texten steigt. Mit Korrekturen ist gemeint: Fehler werden angestrichen und/oder mit einer Alternative versehen (Positivkorrektur). Das Ergebnis: Die Fähigkeit von Schülerinnen und Schülern, orthographisch, grammatikalisch und inhaltlich korrekte Texte zu schreiben, wird durch Korrekturen nicht positiv beeinflusst. Lernende, deren Arbeiten korrigiert werden, verbessern sich weniger als Lernende, deren Arbeiten nicht korrigiert werden. Der Grund für die fehlende Wirksamkeit liegt nicht darin, dass sich Schülerinnen und Schüler einfach zu wenig mit den Korrekturen befassen. Im Gegenteil: Je mehr sie sich mit den Korrekturen auseinandersetzen, desto niedriger sind ihre Leistungen in darauffolgenden Textproduktionen. Im Gegensatz zu Korrekturen führt das Bereitstellen von Kommentaren, zum Beispiel zum Inhalt, zur Klarheit oder zu einer bestimmten Art von Rechtschreib- oder Grammatikfehlerhäufung, zu günstigen Ergebnissen. Truscott zieht auf Grund dieses erstaunlichen Befundes aus seiner Metaanalyse das Fazit, dass die Frage »Wie wirksam sind Korrekturen?« ersetzt werden sollte durch »Wie schädlich sind Korrekturen?«. Seine Metaanalyse deutet darauf hin, dass Lernende von Feedback zu ihren Schreibprodukten profitieren, dass Korrekturen aber als solches Feedback ungeeignet sind. Viel wirksamer sind Kommentierungen, die auf spezifische Probleme hinweisen und zu einer Überarbeitung auffordern. Die Fehler oder Probleme müssen die Lernenden hier selbst finden.

---

kus/Berufe/AkademikerInnen/Berufsgruppen/Generische-Publikationen/2-8-Lehrkraefte.pdf?__blob=publicationFile

Alles in allem führt die Tätigkeit, die im Durchschnitt 14 % der Arbeitszeit von Lehrerinnen und Lehrern ausmacht – zumindest im Hinblick auf Sprachproduktion – zu keiner Verbesserung der Fähigkeiten von Schülerinnen und Schülern, sondern bewirkt sogar das Gegenteil. Korrekturen in diesem Bereich dienen offensichtlich nicht als hilfreiches Feedback.

Millionen von Stunden, die Lehrerinnen und Lehrer dafür verwenden, Übungsaufgaben zu korrigieren, haben keinen Nutzen in Bezug auf die Lernerfolge ihrer Schülerinnen und Schüler. Das zeitintensive Anstreichen jedes einzelnen Fehlers in einem Übungsaufsatz bringt Lernenden nichts. Diese profitieren signifikant mehr davon, wenn die Lehrerin oder der Lehrer den Text einmal durchliest und dann Feedback zu einzelnen generellen Aspekten gibt (»Überprüfe die Groß- und Kleinschreibung«; »Überarbeite in den Absätzen 3 und 4 den inhaltlichen Zusammenhang« etc.). Die Zeit, die für Korrekturen aufgewendet wird, fehlt an anderer Stelle – entweder für Aktivitäten, die tatsächlich einen nachweisbaren Nutzen mit sich bringen, oder am Wochenende für Freizeitaktivitäten, die der psychischen Gesundheit dienen.

Und trotzdem ist die Vorstellung, Korrekturen von Übungsarbeiten abzuschaffen, völlig undenkbar. Und es stellt sich die Frage: Warum eigentlich?

> **Reflexion**
> Welche Einwände haben Sie gegen den Verzicht auf die Korrektur von Übungsaufgaben? Welche inneren Stimmen melden sich bei Ihnen, die sich gegen einen solchen Verzicht aussprechen?

Der Psychologe und Psychotherapeut Michael Bernard hat eine Liste von irrationalen Überzeugungen erstellt, die speziell bei Lehrerinnen und Lehrern häufig auftreten. Diese beziehen sich zu einem Großteil auf Unveränderbarkeiten im System, unerfüllbare Ansprüche an sich selbst und die Angst vor Fehlern (Bernard et al., 1983). Im Folgenden soll gezeigt werden, dass es kognitive, emotionale, soziale und ideologische Faktoren gibt, die zu solchen irrationalen Überzeugungen oder Glaubenssätzen führen. Sie machen es Menschen schwer, ihr Verhalten zu ändern, besonders, wenn es darum geht, etwas wegzulassen, abzustellen oder zu reduzieren. Die kognitiven Faktoren umfassen verschiedene Arten der Verzerrung, die emotionalen Faktoren umfassen aversiv erlebte Emotionen wie Schuld, Scham und Angst und als sozialer Faktor wird der Konformitätsdruck beschrieben.

4.2.1 Kognitive Faktoren

Sunk Cost Fallacy

»Ich hab' doch schon so viel investiert.«

In seinem Buch *Confronting Mistakes* (Hagen, 2013) beschreibt der Wirtschaftswissenschaftler Jan Hagen, wie im Jahr 1972 der Bau des Grand-Teton-Damms im Osten Idahos begonnen wurde. Eine Gruppe von Geologen des US Geological Survey registrierten in dem Gebiet seismische Aktivitäten und machte sich deshalb Sorgen um die Stabilität des Dammes. Die Geologen machten die Beamten des zuständigen Bureau of Reclamation auf die Gefahr aufmerksam. Das Bureau hatte, als es die Warnung mit sechs Monaten Verzug erhielt, bereits 4,5 Millionen Dollar für die Planung und den ersten Bau eines Staudamms ausgegeben. Zu diesem Zeitpunkt sagte man den Zuständigen: »Was ihr hier macht, ist sinnlos. Es wurden viereinhalb Millionen Dollar verschwendet, und es gibt keine Aussicht auf Erfolg. Sucht euch eine andere Stelle.« Niemand reagierte auf die Warnung und der Bau ging weiter. Als der Damm im Jahr 1973 halb fertig war, stellte das Bureau fest, dass sich an der rechten Seite des Damms Risse gebildet hatten. Drei Jahre später wurden massive Lecks gefunden. Der Projektingenieur war davon angeblich nicht beunruhigt. Leider traten immer weitere Lecks auf. Aus einem liefen über 80.000 Liter pro Minute aus. Die Lecks vergrößerten sich schnell und schwemmten Material aus dem Damm. Arbeiter versuchten noch, das Loch zu füllen, doch der Sog wurde immer größer und schwemmte schließlich die Geräte davon. Der Projektingenieur war nun angeblich doch besorgt. Am 5. Juni 1976 brach der Damm. Mehr als 100.000 Hektar Ackerland wurden zerstört und 16.000 Stück Vieh starben. Der gesamte Sachschaden wurde damals auf über eine Milliarde Dollar geschätzt.

Das Beispiel zeigt, warum Menschen etwas, das sie als nicht zielführend erkennen, nicht einfach stoppen. Die Tendenz, in eine Herangehensweise weiter zu investieren, weil man schon viel investiert hat – und dies auch zu tun, wenn man schon erkannt hat, dass sie nicht zum Erfolg führen wird – ist ein bekanntes psychologisches Phänomen, das als *sunk cost fallacy* bezeichnet wird (Arkes & Blumer, 1985). Je mehr Zeit, Energie und materielle Ressourcen wir schon in ein Vorhaben gesteckt haben, umso weniger wahrscheinlich wird es, dass wir dieses aufgeben.

Das Phänomen der *sunk cost fallacy* trägt auch dazu bei, dass Menschen sich gar nicht eingestehen, dass etwas nicht funktioniert und verhindert so eine Veränderung. Eine Unterrichtsmethode, die nie funktioniert, wird beibehalten, weil sie aufwändig vorbereitet wurde. Ein pädagogisches Konzept, das zu

Verschlechterungen statt Verbesserungen führt, wird fortgeführt, weil man es in der schulischen Steuergruppe mit viel Zeitaufwand entwickelt hat. Neu angeschaffte Technik, die sich didaktisch nicht sinnvoll einsetzen lässt, wird weiterverwendet, weil sie teuer war. Und so weiter. Wer 20 Jahre lang Übungsaufgaben korrigiert hat, wird sich schwer eingestehen können, dass die enorme Arbeitszeit, die dafür aufgewendet wurde, keinen Nutzen hatte. Dass im Schulsystem Leistung von Lehrerinnen und Lehrern kaum anhand von Ergebnissen, sondern vielmehr an zeitlichem Aufwand festgemacht wird, begünstigt das Festhalten am Nichtfunktionierenden, in das man schon Zeit investiert hat, zusätzlich (siehe Kapitel 5).

Verlustaversion

»Da gehe ich lieber auf Nummer sicher.«

Eine weitere Erklärung, warum sich Menschen irrational verhalten, wenn sie sinnloses oder nicht zielführendes Verhalten aufgeben sollen, lässt sich mit Hilfe der Theorie der Verlustaversion von Daniel Kahneman (1979) begründen. Kahnemann konnte zeigen, dass Menschen Verluste stärker empfinden als Gewinne in vergleichbarer Höhe. Wenn jemand eine Verhaltensweise als ineffektiv identifiziert hat, kann die Verlustaversion dazu führen, dass die Person trotzdem vermeidet, diese aufzugeben. Das liegt daran, dass das Aufgeben eines bestimmten Verhaltens aversive Emotionen mit sich bringt. Diese emotionale Barriere kann oft stärker sein als die rationale Erkenntnis, dass die Änderung langfristig positive Ergebnisse bringen würde.

Kahneman befragte beispielsweise Versuchspersonen, wieviel sie in einer Lotterie gewinnen müssten, um eine 50-prozentige Wahrscheinlichkeit auszugleichen, 100 Dollar zu verlieren. Die meisten Versuchspersonen antworteten mit 200 Dollar. Dies wäre das Doppelte des maximal möglichen Verlustes und das Vierfache des statistisch wahrscheinlichen Verlustes, denn der Verlust von 100 Dollar ist ja hypothetisch. Die Reaktion der Versuchspersonen orientiert sich zu einem geringen Teil an objektiven Gewinn- oder Verlustwahrscheinlichkeiten. Menschen sind in der Regel bereit, mehr zu investieren, um Verluste zu vermeiden, als um Gewinne zu erzielen. Sie berücksichtigen nicht nur die wahrscheinlichen Gewinne und Verluste, sondern auch ihre emotionale Reaktion auf diese Ereignisse. Und die ist bei Verlusten ausgeprägter als bei Gewinnen. Wenn also eine bekannte und seit langem praktizierte Tätigkeit oder Routine wie das Korrigieren von Übungsaufgaben wegfallen soll, wird der dadurch verursachte Schaden deutlich höher eingeschätzt als der Nutzen, der sich beispielsweise daraus ergeben kann, dass man die gewonnene Zeit für lernförderliches Feedback verwendet.

Confirmation Bias

»Das habe ich doch immer schon gesagt!«

Ein dritter psychologischer Mechanismus, der das Ablegen von wenig zielführenden Verhaltensweisen erschwert, wird als *confirmation bias* (Wason, 1968) bezeichnet. Darunter versteht man die Neigung von Menschen, Informationen bevorzugt zu verarbeiten, die ihre bestehenden Überzeugungen und Annahmen bestätigen, und Informationen zu ignorieren oder abzulehnen, die diesen widersprechen. Im vorliegenden Fall sind Lehrerinnen und Lehrer oft der Überzeugung, dass die Zeit, die sie für das Korrigieren von Schülerarbeiten aufwenden, einen erheblichen Nutzen für die Lernenden bringt. Das Festhalten an der traditionellen Praxis des Korrigierens von Übungsaufgaben kann demnach so erklärt werden, dass einzelne Fälle, in denen Lernende von Korrekturen profitieren, deutlicher wahrgenommen werden als die, in denen die Korrektur keine Verbesserung der Leistung mit sich bringt. Wenn die eigene Überzeugung die ist, dass Korrekturen zu besseren Ergebnissen führen, bedingt der *confirmation bias* eine Aufrechterhaltung dieser Überzeugung – auch dann, wenn sich empirisch keine Belege dafür finden.

Status-quo-Bias und Default-Effekt

»Das machen wir schon immer so.«

Eine De-Implementierung erfordert die Aufgabe eines gewohnten Status quo und – im Gegensatz zur Beibehaltung des Status quo – auch eine bewusste Entscheidung. Beidem steht jeweils eine kognitive Verzerrung gegenüber: Der Satus-quo-Bias und der Default-Effekt (Samuelson & Zeckhauser, 1988). Der Status-quo-Bias beschreibt eine Bevorzugung des aktuellen oder bestehenden Zustands und eine Vermeidung von Veränderungen, selbst wenn es rational oder objektiv betrachtet vorteilhafter wäre, die Veränderung vorzunehmen. Menschen lehnen also Veränderungen ab, selbst wenn diese mit hoher Wahrscheinlichkeit positive Auswirkungen haben, einfach aufgrund der Neigung, an Bekanntem und Gewohntem festzuhalten.

Ein eindrucksvolles Beispiel aus der Medizingeschichte (verstärkt durch soziale Faktoren, ▶ Kap. 4.2.3) ist der Semmelweis-Effekt (David & Ebert, 2015). Dem österreichischen Chirurgen und Geburtshelfer Ignatz Semmelweis gelang es im 19. Jahrhundert, in einer für seine Zeit beispiellosen methodisch-wissenschaftlichen Überprüfung nachzuweisen, dass das Auftreten von Kindbettfieber durch Hygienemaßnahmen deutlich reduziert werden konnte. Sein Appell an Ärzte und Krankenhauspersonal, sich zwischen der Untersuchung von Kranken und Toten und der darauffolgenden Geburtshilfe die Hände zu desinfizieren, wurde von der damaligen Schulmedizin ignoriert und sogar abgewertet. Das führte zum vermeidbaren Tod weiterer tausender Mütter. Erst eine Ärztegeneration später wurden Hygienevorschriften in Krankenhäusern zum Standard. Als »Semmelweis-Effekt« wird demzufolge die reflexartige Tendenz beschrieben, »neue Erkenntnisse ohne ausreichende Prüfung erst einmal abzulehnen, weil sie etablierten Normen, Vorstellungen oder Paradigmen widersprechen und den Urheber eher zu bekämpfen als zu unterstützen« (S. 789).

Eng verwandt mit diesem Bias ist der Default-Effekt. Dieser bezieht sich auf die Tendenz von Menschen, bei Unsicherheit oder fehlenden klaren Präferenzen die voreingestellte Option zu wählen oder beizubehalten, die keine aktive Entscheidung erfordert, unabhängig von einer Abwägung zwischen Beibehalten und Ändern in Bezug auf die jeweiligen Kosten und den jeweiligen Nutzen. Das Korrigieren von Übungsaufgaben wird also schlicht auch deswegen beibehalten, weil diese Praxis bekannt und gewohnt ist und weil das Beibehalten keine aktive Entscheidung erfordert. Wenn ich nichts ändere, muss ich keine Entscheidung treffen.

Kognitive Verzerrungen erzeugen und stabilisieren jeweils Überzeugungen (Denkmuster oder Glaubenssätze), die sich dann einer rationalen Widerlegung weitgehend entziehen. In Tab. 2 werden für drei Beispiele den rationalen Entscheidungsgrundlagen die durch die genannten kognitiven Verzerrungen erzeugten Überzeugungen gegenübergestellt.

Tab. 2: Rationale versus irrationale Entscheidungsbegründungen

rational	irrational
Forschungsergebnisse wie die Metaanalyse von Truscott (2007) zeigen, dass Korrekturen von Übungsaufgaben zu keinen Verbesserungen der Textproduktion führen.	• Meine ganzen Korrekturen der letzten Berufsjahre können nicht umsonst gewesen sein (*sunk cost fallacy*). • Das Risiko der Reduktion von Korrekturen kann durch den Nutzen von Tätigkeiten, die ich stattdessen ausführen kann, nicht aufgewogen werden (Verlustaversion). • Meiner Erfahrung nach führen die Korrekturen sehr wohl zu Verbesserungen der Leistungen (*confirmation bias*). • Korrekturen habe ich schon immer durchgeführt und damit bin ich auf der sicheren Seite (Status-quo-Bias und Default-Effekt).

Tab. 2: Rationale versus irrationale Entscheidungsbegründungen – Fortsetzung

rational	irrational
Der Nutzen von Lernmethodik-Kursen wird sowohl durch empirische Ergebnisse zur Wirksamkeit wie auch durch unzutreffende theoretische Annahmen, die diesen Kursen zu Grunde liegen, in Frage gestellt.	• Es wurden unzählige Arbeitsstunden in die Fortbildung von Lehrkräften und die Ausarbeitung dieser Kurse investiert. Sogar Lehrpläne wurden angepasst. Das kann nicht umsonst gewesen sein (*sunk cost fallacy*). • Es könnte sein, dass die Kurse den Schülerinnen und Schülern tatsächlich beim Lernen helfen, daher ist es besser, sie weiterhin anzubieten, um nichts zu riskieren (Verlustaversion) • Schülerinnen und Schüler, die diese Kurse besucht haben, zeigen nach meiner Erfahrung bessere Ergebnisse, daher glaube ich fest an den Nutzen (*confirmation bias*). • Diese Kurse werden an unserer Schule seit jeher angeboten, daher sollte man nicht daran rütteln (Status-quo-Bias und Default-Effekt).
In zahlreichen Studien (zusammengefasst bei Cooper et al., 2006) konnte gezeigt werden, dass Hausaufgaben in der Grundschule nur begrenzte positive Auswirkungen auf das Lernen haben.	• Ich habe jahrelang Hausaufgaben verteilt und viel Zeit und Energie investiert, sie zu verbessern (sunk cost fallacy). • Hausaufgaben könnten den einzigen Anreiz für Schüler darstellen, zu Hause zu lernen. Das aufzugeben, erscheint zu riskant (Verlustaversion). • Meiner Erfahrung nach haben Hausaufgaben immer zur Verbesserung der Schülerleistungen geführt (confirmation bias). • Hausaufgaben gehören seit jeher zum Schulalltag (Status-quo-Bias und Default-Effekt).

4.2.2 Emotionale Faktoren

Neben diesen fünf kognitiven Phänomenen wirken einem Aufgeben von etabliertem Verhalten, das nicht effektiv oder zielführend ist, auch drei mächtige Emotionen entgegen: Scham, Schuld und Angst.

Die Bereitschaft von Menschen, an bestimmten Verhaltensweisen festzuhalten, wird oft durch Gefühle der Schuld, der Scham und der Angst beeinflusst. In Bezug auf die Korrektur von Übungsaufgaben könnten Lehrerinnen und Lehrer das Gefühl haben, dass das Unterlassen von Korrekturen eine Vernachlässigung ihrer pädagogischen Verantwortung darstellen würde (Scham), dass die Schülerinnen und Schüler durch fehlende Korrekturen schlechtere Leistungen erzielen werden (Schuld) und dass sich die Reduzierung der Korrekturtätigkeit negativ auf ihre Beurteilung durch Vorgesetzte auswirken könnte (Angst). Ähnlich wie kognitive Verzerrungen können auch aversive Emotionen zu ungünstigen Überzeugungen führen.

Typische Überzeugungen als Reaktion auf die Idee, Korrekturen von Übungsaufgaben abzustellen, könnten wie folgt aussehen:

- »Wenn ich keine Übungsaufgaben mehr korrigiere, verletze ich mein Pflichtbewusstsein.«
- »Wenn ich keine Übungsaufgaben mehr korrigiere, leiste ich weniger als meine Kolleginnen und Kollegen.«
- »Wenn ich keine Übungsaufgaben mehr korrigiere, dann bekomme ich Ärger mit der Fachschaftsleitung und mit der Schulleitung.«
- »Wenn ich keine Übungsaufgaben mehr korrigiere, werden sich Eltern beschweren.«
- »Wenn ich keine Übungsaufgaben mehr korrigiere, wird sich das negativ auf meine dienstliche Beurteilung auswirken.«

Scham wird als ein Affekt, also als grundlegende Emotion, betrachtet, die durch persönliche Abwertung hervorgerufen wird und sich durch soziale Selektion entwickelt hat. Andererseits wird Schuld als ein kognitiv bewerteter Zustand konzeptualisiert. Einer der Hauptunterschiede zwischen Scham und Schuld besteht darin, dass Scham als eine globale Bewertung des Selbst erlebt wird, während Schuld oft im Zusammenhang mit einer spezifischen Handlung empfunden wird. Die Unterschiede und Gemeinsamkeiten zwischen Scham und Schuld werden ausführlicher von Elison (2005) erläutert. Dieser geht davon aus, dass sie eine evolutionäre Anpassung an den Verlust sozialer Stellung darstelle. Neben Scham und Schuld ist Angst eine weitere Emotion, die das Aufgeben von etablierten Verhaltensweisen verhindern kann. Besonders Personen, die hohe Anstrengungen auf sich nehmen, um berufliche Anforderungen zu bewältigen, die eigene Arbeitsleistung aber als inadäquat betrachten, empfinden Angst (Marsella, 1994). Diese Emotion tritt folglich gerade dann auf, wenn Menschen etwas nicht mehr machen sollen, für das sie vorher Anstrengungen auf sich genommen haben.

4.2.3 Soziale Faktoren

Kognitive Verzerrungen und aversive Emotionen können als internale Prozesse rationale Entscheidungen verhindern. Hinzu kommt hierzu eine externale Beeinflussung dieser Entscheidungen durch sozialen Einfluss.

Sozialer Konsens

»Wenn es alle so machen, kann es nicht falsch sein.«

Von dem Psychologen Noah Goldstein, Kolleginnen und Kollegen stammt der Text, der sich in vielen Hotels auf einem Hinweisschild neben den Handtüchern befindet. »Helfen Sie, die Umwelt zu schützen. 75 % der Gäste in diesem Raum verwendeten ihr Handtuch mehr als einmal.« Die Forscher hatten über Jahre untersucht, wie Hotels Wäsche einsparen können, indem man die Gäste mit der richtigen Botschaft davon überzeugt, Handtücher mehr als einmal zu verwenden. Der interessante Befund war, dass der alleinige Hinweis auf den Wert für die Umwelt wenig bewirkte. Die Wiederverwendungsquote konnte jedoch erheblich dadurch gesteigert werden, dass auf das Verhalten anderer Gäste hingewiesen wurde. Sie stieg auf 44 % mit dem Hinweis, dass 75 % der Hotelgäste ihre Handtücher wiederbenutzen, und sogar auf 49,3 % mit dem Hinweis, dass 75 % der Gäste, die im selben Hotelzimmer gewohnt hatten, dies taten. Man kann daraus ableiten, dass sich Menschen weniger durch gute Argumente von der Notwendigkeit einer Verhaltensänderung überzeugen lassen als durch sozialen Konsens. Man ändert sein Verhalten eher, wenn man davon ausgeht, dass andere dies auch tun, und dies passiert umso wahrscheinlicher, je mehr man sich mit der sozialen Vergleichsgruppe identifiziert. Aus diesem Grund stieg die Handtuchwiederverwenderquote auch noch einmal deutlich, wenn auf die speziellen Gäste des entsprechenden Zimmers verwiesen wurde, anstatt nur auf die Hotelgäste im Allgemeinen.

Im Schulsystem tritt das Handtuch-Phänomen an vielen Stellen auf. Ein Konsens innerhalb der sozialen Vergleichsgruppe beeinflusst Einstellungen von Lehrerinnen und Lehrern in erheblichem Maße. Die Vergleichsgruppe, mit der die höchste Identifikation stattfindet, sind dabei andere Lehrerinnen und Lehrer und noch genauer Lehrerinnen und Lehrer der eigenen Schule. Ein sozialer Konsens kann Prozesse der Organisationsentwicklung befördern, er kann aber auch in Form von Konformitätsdruck rationale Entscheidungen verhindern. Dabei liegen soziale Normen in vielen Fälle nur implizit vor. Vermeintliche institutionelle Vorgaben sind oft auch einfach soziale Konventionen, die zwar nirgends expliziert sind, aber von denen Lehrerinnen und Lehrer glauben, dass sie verbindlich seien. Ein Beispiel wäre eine Vorgabe wie »Vor jeder Klassenarbeit müssen mindestens zwei Übungsarbeiten korrigiert werden«. Auch sozialer Konformitätsdruck kann ungünstige Überzeugungen erzeugen, z. B. »Genaues Korrigieren und das penible Anstreichen jedes Fehlers ist bei uns ein wichtiges Qualitätsmerkmal« oder »Wenn Übungsaufgaben nicht sauber korrigiert werden, bringt das die Fachschaft in Verruf«.

4.2.4 Ideologische Faktoren

Der schwierigste Schritt bei der De-Implementierung in diesem System ist möglicherweise das Über-Bord-Werfen von Wirksamkeitsannahmen, die ohne faktische Grundlage und/oder alleine auf der Basis von ideologischen Erwägungen bestehen.

Eine Ideologie bezeichnet »eine mehr oder weniger systematische Zusammenstellung von Ideen mit zugehörigen Werten, Einstellungen, Überzeugungen und Symbolen, die zusammen eine mehr oder weniger kohärente Weltanschauung für eine Person, eine Gruppe oder eine gesellschaftspolitische Bewegung bilden«[3]. Die enthaltenen Werte, Einstellungen und Überzeugungen müssen nicht durch Evidenz gestützt sein. Eine ideologische Denkweise verharrt aus psychologischer Sicht in ihrer starren Anhänglichkeit an eine Doktrin und der Widerstandsfähigkeit gegenüber evidenzbasierten Glaubensaktualisierungen und tendiert dazu, sich an Gruppen zu orientieren, die die Ideologie teilen und antagonistisch gegenüber Außengruppen zu sein (Zmigrod, 2022). Insbesondere besitzen Ideologien zwei wesentliche Eigenschaften, unabhängig vom Inhalt ihrer Überzeugungen oder Ambitionen: Sie sind doktrinär und relational. Jede dieser beiden Eigenschaften entspricht bestimmten Mitteln der ideologischen Indoktrinierung (ebd.).

Die doktrinäre und die relationale Eigenschaft von Ideologien können verschiedene Konsequenzen für die Verhinderung von De-Implementierungsprozessen haben:

- Wenn pädagogische Praktiken auf bestimmten Ideologien beruhen, kann es einen starken Widerstand gegen deren Reduzierung oder Entfernung geben, selbst wenn Evidenz vorliegt, dass diese Praktiken nicht effektiv sind.
- Ideologien können dazu führen, dass bestimmte pädagogische Ansätze als unantastbar angesehen werden, unabhängig davon, ob sie wirksam sind oder nicht. Dies kann zu einer mangelnden Bereitschaft führen, diese Ansätze zu überprüfen, zu evaluieren und gegebenenfalls zu verändern oder zu ersetzen. Es kann eine kritische Haltung gegenüber neuen Erkenntnissen oder Forschungsergebnissen geben, die im Widerspruch zu den bestehenden ideologischen Überzeugungen stehen.

Praktiken werden nicht aufrechterhalten, weil sie sinnvoll sind, sondern weil sie zu einer Ideologie passen. Und umgekehrt: Praktiken werden aufgegeben, obwohl sie sinnvoll sind, aber nicht zu einer Ideologie passen. De-Imple-

---

3 https://dictionary.apa.org/ideology, übersetzt

mentierung erfordert Orientierung an Evidenz. Ideologien verhindern eine solche Orientierung.

> **Beispiel: Lesen durch Schreiben**
> Das pädagogische Konzept »Lesen durch Schreiben« wurde von dem Schweizer Lehrer Jürgen Reichen in den 1980er Jahren entwickelt. Es basiert auf der Idee, dass Kinder zunächst frei und kreativ schreiben sollen, ohne sich um die Rechtschreibung zu sorgen (Reichen, 1988). Kinder schreiben Wörter so, wie sie sie hören. Dies bedeutet, dass sie die Laute, die sie wahrnehmen, in Buchstaben umsetzen, auch wenn die Wörter orthografisch nicht korrekt sind. Kinder dürfen ihre Gedanken und Geschichten ohne Korrekturen und Einschränkungen durch Rechtschreibregeln ausdrücken und sollen so ein Gefühl für Sprache durch eigene kreative Texte entwickeln. Reichens Idee beruhte auf seinen persönlichen Überzeugungen, dass Kinder sich das Schreiben am besten aneignen, wenn sie dabei wenig Anleitung in Form von Regeln oder Verbesserungen erhalten. Es wird angenommen, dass Kinder beim Lesen und Schreiben Generalisierungen ableiten können, ohne dass ihnen jemand eine Regel dazu erklärt. Die natürliche Entwicklung und die individuellen Lernwege der Kinder werden betont und die kindliche Kreativität und das selbstgesteuerte Lernen in den Mittelpunkt gestellt, während aus Reichens Sicht starre, formalisierte Lernmethoden abgelehnt werden, da diese als einschränkend und demotivierend angesehen werden.
>
> Die als »ganzheitlich« bezeichnete Methode »Lesen durch Schreiben« sollte die traditionelle Fibelmethode ablösen, bei der Kinder von Anfang an systematisch und nach festen Vorgaben Graphem-Phonem-Beziehungen lernen, bevor sie ganze Wörter und Sätze lesen und schreiben. »Lesen durch Schreiben« wurde zunächst von mehreren Bundesländern als verbindlich für den Leseunterricht in der Grundschule festgelegt, später wurde dies wieder zurückgenommen und sogar durch mehrere Bundesländer ein Verbot verhängt.
>
> Die Implementierung von »Lesen durch Schreiben« erfolgte, ohne dass die ihr zu Grunde liegenden Annahmen vorher wissenschaftlich geprüft wurden. Insgesamt deuten internationale Studien darauf hin, dass die Fibelmethode den ganzheitlichen Methoden in Bezug auf das Erlernen des Schriftspracherwerbs überlegen sind (zusammenfassend bei Buckingham, 2020), auch wenn ein eindeutiger diesbezüglicher wissenschaftlicher Konsens zum Teil in Frage gestellt wird (Bowers, 2020) und Befunde aus anderssprachigen Stichproben nur teilweise übertragbar sind. Eine Meta-

analyse deutscher Studien zeigt uneindeutige Ergebnisse, tendenziell aber ebenfalls Nachteile der »Lesen durch Schreiben«-Methode (Funke, 2014). Insbesondere benachteiligt diese Methode zweisprachige Schülerinnen und Schüler und solche mit ungünstigen Lernvoraussetzungen (ebd.). Insgesamt weisen alle Forschungsergebnisse auf zumindest geringfügige Nachteile der ganzheitlichen Methode hin, Vorteile konnten auch in Teilbereichen nicht nachgewiesen werden, weder in Bezug auf Lesen noch in Bezug auf Rechtschreiben, noch in Bezug auf die Qualität der Schreibprodukte.

Aufrechterhalten wird die Methode bis heute in erster Linie, weil sie ideologisch einer Vorstellung von Selbststeuerung und »natürlichem« impliziten Lernen entspricht. Die doktrinäre Eigenschaft einer Ideologie zeigt sich in der starken Überzeugung der Anhängerinnen und Anhänger des Konzeptes, dass dieses der beste Weg sei, Kindern das Schreiben beizubringen. Die relationale Eigenschaft zeigt sich in der Art und Weise, wie »Lesen durch Schreiben« In- und Out-Groups produziert. Anhängerinnen und Anhänger dieser Methode sehen sich oft als Teil einer progressiven Bewegung, die sich von traditionellen, als überholt betrachteten Lehrmethoden absetzt, während sie die traditionelle Fibelmethode und deren Befürworter als rückständig und restriktiv betrachten. Im englischsprachigen Raum zeigt sich dies darin, dass beim Streit zwischen Vertreterinnen und Vertretern expliziten Leseunterrichts nach der Fibelmethode und solchen ganzheitlicher Methoden von *reading wars* die Rede ist (Don, 2004). Ideologische Verhaltensweisen sind auf beiden Seiten zu beobachten. Diese zeigen sich in erster Linie darin, dass Forschungsergebnisse selektiv zitiert und abgewertet werden, wenn sie nicht dem eigenen Standpunkt entsprechen.

Reflexion
Welche pädagogische Überzeugung haben Sie in Ihrer bisherigen Berufslaufbahn geändert, weil Ihnen überzeigende Gegenargumente geliefert wurden? An welchen Überzeugungen haben Sie festgehalten, obwohl Ihnen überzeugende Gegenargumente geliefert wurden?

In Abb. 11 sind die verschiedenen Einflussfaktoren noch einmal überblicksartig dargestellt.

De-Implementierung beginnt mit dem Bewusstmachen dieser Einflussfaktoren. Bevor persönliche oder institutionelle Verhaltensweisen geändert werden können, muss immer überprüft werden, warum Personen an ihnen festhalten. Wenn man verstehen will, wie De-Implementierung funktionieren

4 Hürden und Hemmnisse: Woran De-Implementierung scheitern kann

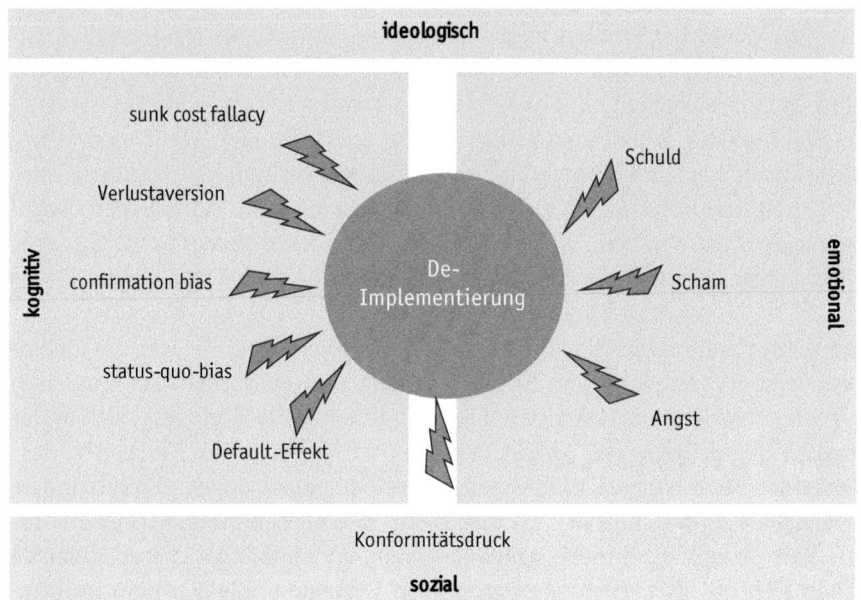

Abb. 11: Verhinderer der De-Implementierung

kann, muss man zunächst verstehen, warum sie in den meisten Fällen nicht funktioniert.

> **Reflexion**
> Gleichen Sie Ihre vorhin gesammelten Einwände und inneren Stimmen mit den kognitiven und emotionalen Verhinderern der De-Implementierung ab. Welche Ihrer Einwände und inneren Stimmen finden Sie wieder?

4.3 Warum Quantität im Schulsystem als Qualitätsindikator dient und wozu dies führt

Der Gründer des Software-Riesen Microsoft, Bill Gates, erinnert sich in einem Interview[4] an sein Verständnis von Leistung in den Anfangszeiten seines Unternehmens. Gates lernte die Auto-Kennzeichen seiner Angestellten aus-

---

4 https://time.com/4202737/bill-gates-license-plates-employees/

wendig, um immer genau zu wissen, wer wann kam und ging. Er prüfte die Arbeitsleistung seiner Angestellten anhand der Zeit, die sie im Unternehmen verbrachten. Dieses Verständnis hat sich wohl grundlegend geändert, denn heute ist auf der Unternehmensseite zu lesen: »Leistungen werden bei Microsoft nicht an Anwesenheitszeiten gemessen, sondern an individuell vereinbarten Zielen und tatsächlichen Ergebnissen. Dabei spielen Werte wie Vertrauen und Offenheit eine besondere Rolle«[5].

Im Gegensatz zu Microsoft herrscht im Schulsystem ein weitgehender Konsens darüber, dass man die wahre Leistung von Lehrerinnen und Lehrern nicht bestimmen kann. Zu komplex seien die Wirkungszusammenhänge, zu unterschiedlich die Kontexte, zu diffus die Zielkriterien.

4.3.1   Loose Coupling und Gratifikationskrisen

»Egal, was ich tue,...«

Der Organisationspsychologe Karl Edward Weick beschrieb sogenannte loosely-coupled systems, lose gekoppelte Systeme (Weick, 1976). Dies bedeutet, dass die Einzelelemente eines Systems nur locker miteinander verbunden sind und dadurch beträchtliche Selbstständigkeit aufweisen. In solchen Systemen beeinflusst eine Entscheidung auf Systemebene (»von oben«) kaum oder gar nicht die einzelnen Entscheidungen in der Organisation. Einfluss von außen kann ebenfalls kaum stattfinden. Im Schulsystem, einem typischen lose gekoppelten System, sind aber vor allem Anstrengung und Arbeitsleistung von Lehrerinnen und Lehrern weitgehend entkoppelt von Belohnung, Vergütung und zum Teil auch von Anerkennung und Wertschätzung. Das daraus resultierende Phänomen ist das der Gratifikationskrisen, der Eindruck, dass die eigene Arbeitsleistung nicht die angemessenen Konsequenzen hat (Siegrist, 2009). Jede Arbeitnehmerin und jeder Arbeitnehmer erwartet im Austausch für die geleistete Arbeit Gratifikationen in Form von Gehalt, Wertschätzung, Sicherheit, und Aufstiegsmöglichkeiten. Im Schulsystem sind manche Arten der Gratifikation wie Gehalt und Sicherheit größtenteils unabhängig von der tatsächlichen Anstrengung, andere wie Wertschätzung und Aufstiegsmöglichkeiten sind dagegen stark begrenzt. Laut einer repräsentativen Befragung aus dem Jahr 2008 durch das Meinungsforschungsinstitut forsa wünschen sich 80 % der deutschen Lehrkräfte, dass Einsatz und Erfolg stärker vergütet werden, und 95 % beklagen, dass das bestehende Besoldungssystem kaum

---

5   https://news.microsoft.com/de-de/modernes-arbeiten-bei-microsoft/

Möglichkeiten biete, persönliches Engagement zu würdigen (Klein & Stettes, 2008). Eine Entkopplung von eigener Leistung und der Würdigung dieser führt zu emotionaler Erschöpfung, Selbstentfremdung und Leistungseinbußen (Unterbrink et al., 2007).

Und es gibt leider kaum Möglichkeiten, konkrete (messbare) Ergebnisse der Arbeitsleistung von Lehrkräften festzustellen, da sich diese erstens fast unmöglich von Einflussfaktoren isolieren lässt, die die Lehrkraft nicht verantwortet, und zweitens Lehrkräfte kaum Feedback zu ihrer Arbeit erhalten (Gärtner, 2013; Richter & Pant, 2016).

Die grundsätzliche Frage lautet: Auf welcher Basis kann und soll Gratifikation im Schulsystem erfolgen?

Ärztinnen und Ärzte wissen, bei wie vielen ihrer Patientinnen und Patienten die Behandlung erfolgreich war. Rechtsanwältinnen und Rechtsanwälte wissen, wie viele Prozesse sie gewonnen haben. Bankerinnen und Banker wissen, wie viel Umsatz sie gemacht haben.

Wie aber machen Lehrerinnen und Lehrer aus, ob sie ein erfolgreiches oder weniger erfolgreiches Jahr hatten? Natürlich gibt es subjektiv wahrgenommene Erfolgsfaktoren (»Ich habe einen Kurs erfolgreich zum Abitur geführt«, »Ich habe zu einer schwierigen Klasse ein gutes Verhältnis aufgebaut«, »Ich habe Schülerinnen, die zunächst Schwierigkeiten hatten, für mein Fach begeistert« etc.), aber es gibt keinen objektiven Indikator dafür, welchen Effekt es hatte, dass man sich angestrengt und Leistung gebracht hat. Erfolg oder Misserfolg sind nicht bestimmbar. Studien zur leistungsgerechten Bezahlung von Lehrerinnen und Lehrern zeigen, dass sich gar kein allgemein anerkannter Indikator für die Arbeitsleistung in diesem Berufsfeld identifizieren lässt (Dee & Wyckoff, 2015).

4.3.2 Multa non multum

»Je mehr, desto besser.«

In internationalen Studien (deutsche Studien zu diesem Thema sind uns leider keine bekannt) bewerten und beurteilen Schulleiterinnen und Schulleiter die Leistung von Lehrerinnen und Lehrern in vielen Fällen anhand von Unterrichtsbesuchen und anderen Beobachtungen, die eher oberflächlich, wenig substantiiert und relativ unstrukturiert sind und die üblichen Ergebnisse solcher »Drive-by«-Bewertungen beschränken sich darauf, einzelne Lehrkräfte anhand grober Kategorien einzustufen (Weisberg et al., 2009). Die tatsächliche Leistung von Lehrerinnen und Lehrern wird jedoch durch Unterrichtsbesuche nur sehr schlecht erfasst und die Kriterien, die von beobachtenden Personen als relevant aufgefasst werden, haben geringe oder keine Vorhersagekraft dafür, ob Schülerinnen und Schüler im beobachteten Unterricht etwas lernen (Strong et al., 2011). Um die Effektivität von Unterricht mit 90%iger Genauigkeit bestimmen zu können, benötigt man mindestens vier Beobachtungen jeweils einer kompletten Unterrichtsstunde durch jeweils vier unabhängige Beobachterinnen und Beobachter (Hill et al., 2012). Die aussagekräftige Erfassung der Arbeitsleistung erfordert zudem verschiedene Datenquellen, erstens die Anteile der tatsächlichen Lernerfolge von Schülerinnen und Schülern, die auf die Lehrkraft zurückgehen (Daten, die in Deutschland gar nicht vorliegen), zweitens Beobachtungen anhand gesicherter Kriterien durch mehrere Beobachterinnen und Beobachter und drittens Befragungen von Schülerinnen und Schülern (MET 2013).

Mit anderen Worten: Die valide Erfassung der Qualität der Arbeit von Lehrerinnen und Lehrern ist mit den vorhandenen Ressourcen unmöglich. Die Konsequenz aus dieser Unmöglichkeit ist in vielen Fällen die, dass man ein Ersatzkriterium für die Arbeitsqualität heranzieht, das sich leichter und eindeutiger bestimmen lässt. Leistungen werden nicht wie bei Microsoft an individuell vereinbarten Zielen und tatsächlichen Ergebnissen gemessen, sondern an quantitativen Indikatoren. Zwar merkt sich (wahrscheinlich!) niemand die Nummernschilder von Lehrerinnen und Lehrern, um ihre Anwesenheit zu prüfen, aber wenn die individuelle Leistung nicht bestimmt werden kann, dann wird aufgewendete Zeit zu einem Ersatzindikator für die Arbeitsleistung.

Man kann dies beobachten, indem man typische Aussagen heranzieht, mit denen die Leistung von Lehrerinnen und Lehrern gewürdigt werden soll:

- »Grundschulen zeigen herausragendes Engagement.«
- »Das Engagement der Kollegin/des Kollegen wird besonders hervorgehoben.«
- »Die herausragende Leistung der Lehrkraft zeigt sich in ihrem unermüdlichen Einsatz.«
- »Die Auszeichnung als XXX dient als Anerkennung für Schulen, die sich in besonderem Maße für XXX engagieren«.
- »Da haben Sie sich aber viel Arbeit gemacht!«

Alle diese Sätze haben eines gemeinsam: Sie verbinden Gratifikation für Schulen und Lehrkräfte mit Arbeitsquantität. Dahinter steckt das Denkmuster »Nur Lehrkräfte, die viel und lange arbeiten, sind gute Lehrkräfte«, ein Denkmuster mit ungünstigen Konsequenzen: Psychisch beeinträchtigte und psychisch stabile Lehrkräfte unterscheiden sich nicht in der Anzahl wöchentlicher Unterrichtsstunden, dem Zeitbedarf für Zusatztätigkeiten sowie der durchschnittlichen Klassenstärke, aber sie unterscheiden sich deutlich anhand einer höheren Wochenarbeitszeit und eines höheren Zeitpensums für die Unterrichtsvor- und -nachbereitung sowie Korrekturen und Benotung (Seibt et al., 2007).

Dass Lehrerinnen und Lehrer – auch im öffentlichen Diskurs – sehr häufig betonen, wie hoch ihre Arbeitszeit ist, wird von Außenstehenden zuweilen als Jammern aufgefasst[6]. Bei dieser Berufsgruppe handelt es sich allerdings nicht um »Jammerlappen«, sondern diese Betonung ist vielmehr eine Reaktion auf das Merkmal des Systems Schule, Arbeitsqualität über Zeit, Aufwand, Engagement etc. zu operationalisieren.

Das Motto »Multum, non multa« des jüngeren Plinius[7], das so viel bedeutet wie »Viel im Sinne von tiefgreifend oder fundiert, nicht Vieles im Sinne einer Vielzahl von Maßnahmen« wird im Schulsystem auf eigentümliche Weise genau umgekehrt: Wer viel macht, leistet gute Arbeit.

Im Kontext der De-Implementierung bedeutet »Multum non multa«, dass es wichtiger ist, sich auf die Entfernung oder Reduzierung von unnötigen oder ineffektiven Maßnahmen oder Praktiken zu konzentrieren, anstatt einfach immer mehr Interventionen oder Programme hinzuzufügen. Genau hierfür setzt das System aber wenige Anreize.

4.3.3 Das 3-E-Modell

In einem Interview sagt Günther Schön, ein Lehrer, der im Jahr 2024 mit dem Deutschen Lehrkräftepreis geehrt wurde: »Meine Auszeichnung hat demnach nicht direkt mit dem normalen Unterricht zu tun, sondern gründet sich eher auf außercurriculares Engagement.«

Das Schulsystem verstärkt Merkmale wie Engagement, Fleiß, ein hohes Maß an Arbeitszeit, nicht aber Merkmale wie Effizienz, Vereinfachung von Abläufen, Zeitsparen oder Nutzung von Synergieeffekten. Wenn dysfunktionale Praktiken entfernt oder reduziert werden, zielt dies in der Regel auf das Einsparen von zeitlichen Ressourcen. Wenn aber gerade der Verbrauch von zeitlichen Ressourcen systemisch verstärkt und als Indikator von Arbeitsqualität aufgefasst wird, führt De-Implementierung zu einer wahrgenomme-

---

6 https://www.spiegel.de/lebenundlernen/job/lehrergestaendnis-von-arne-ulbricht-aerger-ueber-jammernde-lehrer-a-979023.html
7 Zitat aus den Briefen (VII, 9) des jüngern Plinius.

4.3 Warum Quantität im Schulsystem als Qualitätsindikator dient und wozu dies führt

nen Verschlechterung. Erfolgreichen De-Implementierungsprozessen wirken Anreize und Konsequenzen entgegen, die primär quantitative Aspekte von Arbeit verstärken. Wie solche Anreize und Konsequenzen im Detail wirken können, kann mit dem 3-E-Modell veranschaulicht werden Dieses ist in Tab. 3 zusammengefasst.

Tab. 3: Das 3-E-Modell

Beispiele	Merkmal	Indikatoren	Anreiz	Konsequenz
»Wie schaffen Sie das nur alles?« »Und das noch zusätzlich zu Ihrem Unterricht!«	**engagiert**	macht viel	hoch positiv	Anerkennung, Lob, Wertschätzung
»Ihre Ergebnisse liegen über dem Durchschnitt.« »Es gibt viel positives Feedback zu Ihrer Arbeit.«	**effektiv**	erzielt gute Ergebnisse	gering positiv	keine
»Ah, Sie gehen schon nach Hause?« »Haben Sie das etwa schon fertig? Da bin ich ja mal gespannt.«	**effizient**	erzielt gute Ergebnisse in geringer Zeit	tendenziell negativ	Misstrauen

Eine zusätzliche ungünstige Konsequenz, die sich aus der Aufwertung von Quantität zum Qualitätsindikator ergibt, ist die, dass der wahrgenommene Wert der Zeit sinkt. Wenn Beschäftigte im Schulsystem primär Arbeitsquantität nachweisen müssen, so besteht auch nur eine sehr geringe Notwendigkeit, mit der Ressource Arbeitszeit schonend umzugehen. Und dies äußert sich dann in ewig dauernden Konferenzen, die eine E-Mail hätten sein können, in sinnlosen Vorstellungsrunden und infantilen wie zweckfreien Kennenlernspielchen bei Fortbildungen, in Endlosdiskussionen ohne Ziel und Ergebnis usw.

> **Beispiel: Dekoration im Klassenzimmer**
> Gerade in der Primarstufe werden Lernumgebungen häufig so gestaltet, dass Kinder einer Vielzahl von visuellen Reizen ausgesetzt sind, unter anderem durch farbige Poster, Buchstabenkarten, Abbildungen zu bestimmten Anlässen, Regelkarten, Cartoons usw. (Tarr, 2004). Diese Art der Gestaltung wird indirekt auch als Qualitätsmerkmal gedeutet, beispielsweise,

4 Hürden und Hemmnisse: Woran De-Implementierung scheitern kann

wenn von »aufwendig gestalteten Räumen« anerkennend gesprochen wird[8] oder die Klassenraumgestaltung sogar beurteilungsrelevant ist.

Die Forschung zeigt, dass Kinder durch eine stark dekorierte Umgebung mehr abgelenkt sind, mehr Zeit abseits ihrer Aufgaben verbringen und geringere Lernfortschritte zeigen als dann, wenn die Dekoration entfernt wird (Fisher et al., 2014; Godwin, et al., 2022). Besonders negative Auswirkungen auf Konzentration und Lernfortschritte hat die Dekoration von Klassenräumen auf Kinder mit Aufmerksamkeitsstörungen (Harris, 2006).

Das System Schule schafft hier Anreize für Quantität: Lehrerinnen und Lehrer, die ihr Klassenzimmer aufwendig gestalten, sind fleißig und leisten viel. Eine Grundschullehrerin oder ein Grundschullehrer, der in einem kargen Raum unterrichtet, müsste sich mit hoher Wahrscheinlichkeit kritische Fragen gefallen lassen. Unberücksichtigt bleibt dabei, dass der Fleiß, der in die Klassenraumgestaltung fließt, Lernenden nichts nützt, sondern diese sogar in ihren Lernprozessen beeinträchtigt.

Reflexion

Eine typische Mail, die Lehrerinnen und Lehrer (zum Beispiel von der Schulleitung) vor den Ferien erhalten, lautet »Nun wünsche ich Ihnen allen einigermaßen erholsame Ferien und hoffe, dass Sie wenigstens ein paar wenige Tage zum Ausspannen nach der extrem stressigen Zeit nutzen können«.

Welche impliziten Botschaften zur Zeitnutzung enthält diese Mail? Inwiefern schafft sie Anreize für die angesprochenen Lehrerinnen und Lehrer, die Quantität ihrer Arbeit herauszustellen?

Zusammenfassung

In diesem Kapitel wurde gezeigt, wie für das Schulsystem spezifische Strukturen und Regeln, Denkmuster und Überzeugungen sowie Anreize und Konsequenzen Hürden für De-Implementierungsprozesse darstellen können.

Die *grammar of schooling*, das Autonomie-Paritäts-Muster und die Verantwortungsdiffusion wurden als drei wesentliche strukturelle Merkmale identifiziert, die Veränderungen, insbesondere De-Implementierungsprozesse, erheblich hemmen können. Die *grammar of schooling* beschreibt tief

---

8 https://www.regierung.oberfranken.bayern.de/mam/service/amtliche_veroeffentlichungen/oberfrankischer_schulanzeiger/ofr_schulanzeiger_2017_11.pdf

4.3 Warum Quantität im Schulsystem als Qualitätsindikator dient und wozu dies führt

verwurzelte Traditionen und Routinen in Schulen, die seit langem bestehen und schwer zu ändern sind. Diese stabilen Strukturen erzeugen Widerstand gegen jegliche Veränderungen, da sie als Bedrohung für den gewohnten Schulalltag empfunden werden. Das Autonomie-Paritäts-Muster betont die individuelle Freiheit der Lehrkräfte bei gleichzeitiger Wahrung der Gleichwertigkeit im Kollegium. Diese Dynamik kann dazu führen, dass Veränderungen vermieden werden, um die individuelle Autonomie nicht zu begrenzen und die Harmonie im Kollegium nicht zu stören. Die Verantwortungsdiffusion beschreibt die Situation, in der unklar ist, wer für bestimmte Aufgaben zuständig ist, was dazu führt, dass niemand die Initiative zur De-Implementierung ergreift. Dies verstärkt die Tendenz, an ineffektiven Programmen und Praktiken festzuhalten, da niemand die Verantwortung für deren Abbau übernimmt.

Neben diesen strukturellen Hindernissen wurden auch Denkmuster und Überzeugungen als zweite Kategorie von De-Implementierungshürden beleuchtet. Verschiedene kognitive Verzerrungen, wie zum Beispiel der Status-quo-Bias (die Tendenz, den gegenwärtigen Zustand zu bevorzugen), und aversive Emotionen, wie Angst vor Veränderung, können dazu führen, dass rationale Entscheidungen blockiert werden. Sozialer Konformitätsdruck und ideologische Normen verstärken diese Tendenz, da Individuen sich an die vorherrschenden Meinungen und Verhaltensweisen anpassen, selbst wenn sie wissen, dass es sinnvoll wäre, bestimmte Tätigkeiten oder Methoden aufzugeben. Diese Barrieren führen dazu, dass Menschen an überholten Praktiken festhalten, selbst wenn sie deren Ineffektivität erkennen.

Schließlich wurden ungünstige Anreiz- und Verstärkungsmechanismen als dritte Kategorie identifiziert. In vielen Bildungseinrichtungen wird die Quantität der Arbeit über die Qualität gestellt, was dazu führt, dass die Reduktion dysfunktionaler Praktiken nicht als erstrebenswert angesehen wird. Lehrkräfte und Schulleitungen werden oft in Bezug auf ihre Arbeitsmenge und nicht für die Effektivität oder Effizienz ihrer Arbeit beurteilt, was die Motivation zur De-Implementierung ineffektiver Praktiken weiter verringert.

5 Wie De-Implementierung funktioniert

Der Prozess der De-Implementierung gliedert sich in drei wesentliche Bereiche: Bei der Identifizierung dysfunktionaler Praktiken wird gezielt nach Verhaltensweisen und Methoden gesucht, die keine nachweisbare positive Wirkung haben. Die Entfernung oder Reduktion dieser dysfunktionalen Praktiken erfordern eine sorgfältige Planung und Durchführung, um sicherzustellen, dass Hürden und Hemmnisse ausreichend antizipiert werden und negative Auswirkungen und nicht intendierte Effekte minimiert werden. Der dritte Bereich ist die Aufrechterhaltung der Entfernung oder Reduktion und die Vermeidung eines Rückfalls in alte Muster. Es gilt sicherzustellen, dass die Organisation nachhaltig von den vorgenommenen Veränderungen profitiert und nicht zu den ursprünglichen, ineffektiven Praktiken zurückkehrt.

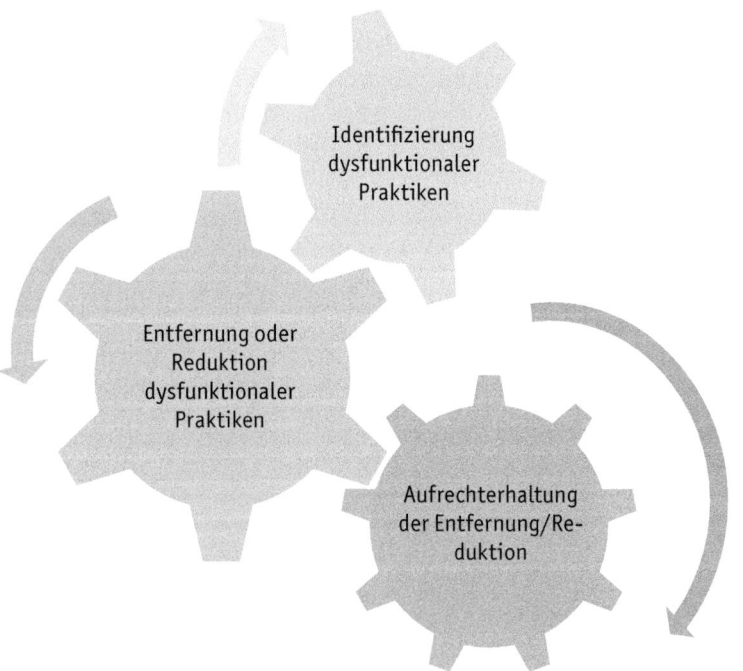

Abb. 12: Prozessschritte der De-Implementierung (in Anlehnung an Niven et al., 2015)

Die folgenden drei Unterkapitel 5.1, 5.2 und 5.3 beschäftigen sich jeweils mit einem dieser Prozessbereiche.

5.1 Wie man sinnlose Dinge erkennt

Inhalte und Ziele
In diesem Kapitel geht es um den ersten Schritt bei der De-Implementierung, die Identifizierung von dysfunktionalen Praktiken. Die Schwierigkeiten, die bei dieser Ermittlung speziell im Bereich Schule auftreten können, werden begründet und Möglichkeiten aufgezeigt, diesen zu begegnen.

Es soll gezeigt werden, wie die Prüfung des Nutzens von Praktiken anhand von wissenschaftlichen Ergebnissen sowie von spezifischen Kontextbedingungen gelingen kann.

In diesem Kapitel geht es darum, wie das Prinzip »Weniger ist mehr« im Schulsystem zur Steigerung von Qualität und Gesundhaltung der Beschäftigten genutzt werden kann.

Ausgehend von einer bahnbrechenden Studie und dem Gründungskonzept einer Hotelkette wird aufgezeigt, wie Menschen dazu tendieren, bei der Suche nach Lösungen in einem »Mehr« zu denken – und wie es auch anders gehen kann. Es wird dargelegt, dass Schulentwicklung in Deutschland bisher fast ausschließlich von additiven Strategien geprägt war, dass eine solide Begründung der Maßnahmen – genauso wie eine systematische Evaluation – in den meisten Fällen nicht vorhanden war, und warum die Logik der Implementierung in vielen Fällen nicht zu Erfolgen führt.

Es wird außerdem erläutert, wie der Tendenz, immer neue Dinge zu implementieren, entgegengewirkt werden kann und wie Entfernen und Weglassen Qualitätsverbesserungen erzeugen und Ressourcen von Lehrerinnen und Lehrern freisetzen können.

»Ist das Kunst oder kann das weg?« fragte 2010 der Komiker Mike Krüger und spielte mit dieser Frage auf humoristische Weise auf die für manche Menschen schwere Erkennbarkeit des Wertes bestimmter Werke der modernen Kunst an. Die Frage nach einem Kriterium, anhand dessen sich der Wert von etwas erkennen lässt, spielt für den Prozess der De-Implementierung eine entscheidende Rolle.

De-Implementierung wird in diesem Buch als Entfernung oder Reduzierung von dysfunktionalen Praktiken verstanden. Das Problem, das sich unmittelbar aus dieser Definition ergibt, ist das, dass der Nutzen von Praktiken bestimmt werden muss.

Die besondere Herausforderung besteht dabei darin, dass der Nutzen von pädagogischen Praktiken oft subjektiv wahrgenommen wird und von verschiedenen Akteuren im Bildungsbereich unterschiedlich bewertet wird. Eine wesentliche Voraussetzung für erfolgreiche De-Implementierungsprozesse ist aber die Bestimmung intersubjektiv festlegbarer Kriterien für den Sinn und Nutzen schulischer Praktiken. Wie im Folgenden gezeigt werden soll, ist diese Bestimmung im pädagogischen Bereich besonders anspruchsvoll, aber keinesfalls unmöglich.

Im Kern geht es darum, Entscheidungen und Handlungen auf verschiedenen Ebenen auf Basis einer sorgfältigen Integration von individueller Expertise, lokalem Kontextwissen und wissenschaftlicher Erkenntnisse zu treffen (Bauer & Kollar, 2023).

5.1.1 Die Frage nach dem Kriterium

Der erste Schritt bei jedem De-Implementierungsprozess ist die klare und transparente Definition dessen, was durch die De-Implementierung erreicht werden soll.

De-Implementierung im medizinischen Bereich verwendet als Kriterium die Wirksamkeit von Praktiken. Wirkungslose, wirkungsarme oder schädliche Praktiken werden reduziert oder entfernt und wirksame Praktiken werden intensiviert. Dem Kriterium der Wirksamkeit stehen im schulischen Bereich einige prominente Alternativen gegenüber, unter anderem die sogenannte *Zeitgemäßheit*, die sogenannte *Modernität* und die sogenannte *Progressivität*. Diesen Kriterien ist gemein, dass sie auf einen Standard hinweisen, der sich an Zeit statt an Wirkung orientiert.

Während sich Wirkungen empirisch bestimmen lassen, sind Zeitgemäßheit, Modernität und Progressivität im Wesentlichen willkürliche normative Setzungen. Niemand kann sagen, was zeitgemäß, modern oder progressiv ist – lediglich was sie oder er für zeitgemäß, modern oder progressiv hält. Die Setzung basiert darauf, dass etwas aktuellen Standards entspricht, ohne jedoch zu belegen, ob und warum diese Standards gültig und angemessen sind. Insofern führt die Verwendung dieser Kriterien zu Zirkelschlüssen. Es wird festgelegt, wie eine Praktik zu sein hat, damit sie dem Kriterium genügt und dann wird überprüft, ob das Kriterium erfüllt ist, indem die Eigenschaften der Praktik der vorher festgelegten normativen Setzung entsprechen.

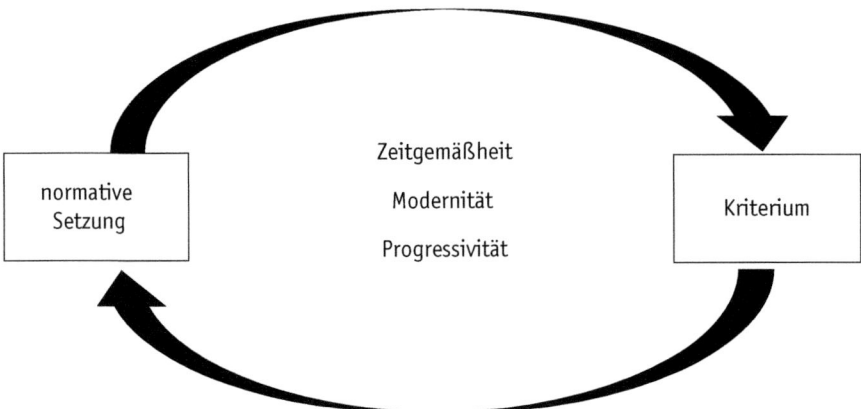

Abb. 13: Zirkelschluss zeitlich orientierter Kriterien

Jede Maßnahme der De-Implementierung im schulischen Bereich steht vor der Herausforderung, dass das Kriterium der Wirksamkeit mit den genannten Kriterien konkurriert. Auch wenn für eine Praktik keine, eine geringe oder eine schädliche Wirkung festgestellt wird, kann das Bedürfnis vorherrschen, sie aufrecht zu erhalten, weil sie als »zeitgemäß«, »modern« oder »progressiv« wahrgenommen wird.

De-Implementierung ist nur möglich, wenn ein Kriterium definiert wird. Ist dies nicht der Fall, ist auch die Bestimmung dessen, was reduziert oder entfernt, bzw. dessen, was beibehalten und ausgebaut werden soll, nicht möglich.

5.1.2 Chestertons Zaun

Die nächste Klärung, die die Frage »Kann das weg?« erfordert, ist die nach möglichen unbekannten Wirkungen einer bestimmten Praktik. Anfang des 20. Jahrhunderts beschrieb der Journalist und Schriftsteller G. K. Chesterton ein Prinzip, das heute als Chestertons Zaun bekannt ist: Entferne einen Zaun nicht, solange du nicht weißt, warum er ursprünglich errichtet wurde. Chesterton beschreibt die Gefahr, die im Zuge von Reformen auftreten kann, wenn Praktiken beseitigt werden, weil Personen keinen Nutzen in ihnen sehen. Für intelligente Reformen setzt er voraus, dass zunächst der Nutzen, welcher der Praktik ursprünglich zugeschrieben wurde, verstanden werden muss, um dann abwägen zu können, ob ein Entfernen sinnvoll ist. Versäumt man dies, kann es dazu führen, dass möglicherweise die Auswirkungen der Entfernung in der Zukunft mehr Schäden anrichten als die Veränderung genutzt hat. Dabei ist es irrelevant, ob diese Gründe nachvollziehbar, sinnvoll oder gut sind – es geht grundsätzlich darum, diese Gründe zu kennen und dann ggf. zumindest auf die drohenden »Kollateralschäden« vorbereitet zu sein.

5.1.3 Technologiedefizit

Neben der Problematik konkurrierender Kriterien wird die Identifizierung von dysfunktionalen Praktiken im schulischen Bereich dadurch erschwert, dass Wirkungszusammenhänge schwieriger festzustellen sind als in anderen Bereichen. Das von Luhmann und Schorr (1982) beschriebene Technologiedefizit meint das grundlegende Problem der Unmöglichkeit, in Bezug auf pädagogisches Handeln auf Grund seiner Komplexität und Vielschichtigkeit objektive Kausalzusammenhänge herstellen zu können. De-Implementierungsmaßnahmen in der Medizin können beispielsweise auf relativ eindeutige Wirkzusammenhänge zurückgreifen, die durch kontrolliert-randomisierte Studien und Metaanalysen belegt (oder eben widerlegt sind). In kontrolliert-randomisierten Studien wird die Ursache-Wirkungs-Beziehungen zwischen einer Intervention (wie einer neuen Medikation oder Therapie) und den Ergebnissen (wie der Verbesserung von Symptomen oder dem Rückgang einer Krankheit) untersucht, indem Personen zufällig entweder einer Experimentalgruppe (die die Medikation oder Therapie erhält) oder einer Kontroll- bzw. Placebogruppe (die keine Medikation oder Therapie bzw. eine Scheinbehandlung erhält) zugewiesen werden. Durch die zufällige Zuweisung zu den beiden Gruppen wird die Wahrscheinlichkeit verringert, dass unbekannte oder unbeabsichtigte Faktoren (sog. konfundierende Variablen) die Ergebnisse beeinflussen. Durch den Vergleich von Experimental- und Kontrollgruppen kann festgestellt werden, ob die beobachteten Veränderungen tatsächlich auf die Intervention zurückzuführen sind oder auf andere Faktoren. Ob ein Medikament oder eine Behandlungsweise die intendierte Wirkung zeigen, lässt sich so relativ eindeutig feststellen (und dies wird für die Zulassung auch vorausgesetzt). Ist ein Wirkungsnachweis nicht gegeben, handelt es sich um eine Praxis mit geringem Nutzen, überwiegen die unerwünschten Nebenwirkungen, handelt es sich um eine schädliche Praxis.

In der Medizin werden bei Aussagen über Wirkungen von Medikamenten oder Therapieverfahren verschiedene Evidenzklassen unterschieden. Je höher die Evidenzklasse, desto besser ist die wissenschaftliche Begründbarkeit für eine daraus abgeleitete Therapieempfehlung. In Abb. 14 sind sieben Evidenzklassen überblicksartig dargestellt.

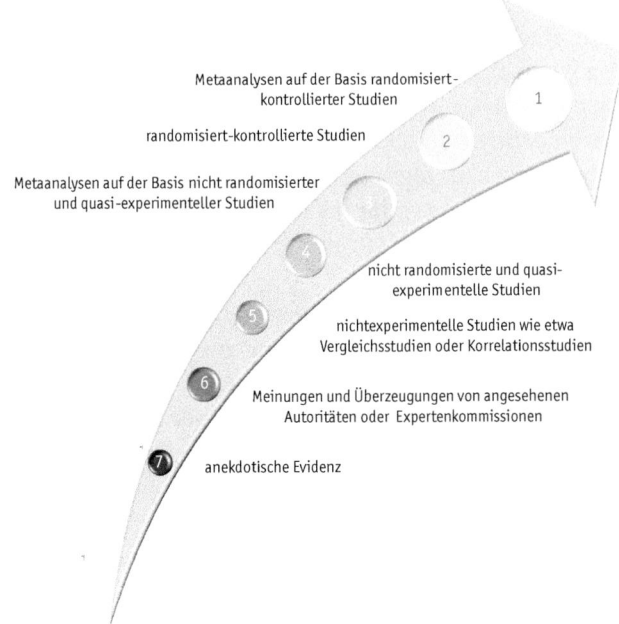

Abb. 14: Evidenzgrad von Aussagen zur Wirksamkeit von Praktiken (Melnyk & Fineout-Overholt, 2023; LoBiondo-Wood & Haber, 2022, adaptiert)

Für pädagogische Praktiken sind Wirkungsnachweise der Evidenzklassen 2 und 1 in den allermeisten Fällen nicht zu leisten. Erstens: Kontrolliert-randomisierte Versuchsdesigns sind im schulischen Kontext fast nie möglich. Dazu müssten Schülerinnen und Schüler zufällig Gruppen zugeordnet werden, von denen in einer eine Maßnahme durchgeführt wird und in der anderen nicht. Studien zur Wirksamkeit im pädagogischen Kontext weisen im besten Fall in der Regel ein quasi-experimentelles Versuchsdesign auf. In quasi-experimentellen Studien erfolgt die Zuweisung der Teilnehmerinnen und Teilnehmer zu den Gruppen nicht zufällig, sondern aufgrund bereits bestehender Unterschiede oder Bedingungen, in vielen Fällen auf Grund der Zugehörigkeit zu einer Klasse oder Schule. In Korrelationsstudien wird lediglich ein Zusammenhang zwischen zwei Merkmalen untersucht, es kann jedoch keine Aussage darüber getroffen werden, ob es zwischen den beiden Merkmalen einen kausalen Zusammenhang gibt und folglich kann keine Wirkung nachgewiesen werden. Zweitens: Pädagogische Praktiken finden in einem äußerst komplexen Kontext statt, der von vielfältigen Faktoren beeinflusst wird, einschließlich individueller Unterschiede der Lernenden, sozialer Dynamiken, familiärer Hintergründe und kultureller Einflüsse. Es ist unmöglich, diese konfundierenden Variablen komplett zu kontrollieren. Drittens: Pädagogische Ziele sind nicht eindeutig. Ob eine Maßnahme als wirksam eingestuft wird, hängt davon ab, was man als Zielvariable definiert (messbarere Wissenszuwächse, Kompetenzverbesserungen, Motivation, Lernfreude, Selbstständigkeit, etc.). Je nach definiertem Ziel können Maßnahmen in ihrer Wirksamkeit stark variieren. Einige pädagogische Ziele, wie die Förderung sozialer Kompetenzen, ethischen Handelns oder kreativen Ausdrucks sind schwer quantifizierbar und können nicht einfach mit standardisierten Messinstrumenten bewertet werden.

Diese Einschränkungen betreffen in erster Linie sogenannte *What-Works*-Ansätze, also Herangehensweisen, die analog zur Medizin pädagogische und didaktische Entscheidungen sowie Entscheidungen in Bezug auf die Leitung von Schule auf der Basis von empirischen Forschungsergebnissen zur Wirksamkeit treffen möchten (z.B. Hattie, 2009; Slavin, 2002). Im Gegensatz zur Medizin stehen den Bildungswissenschaften in den allermeisten Fällen keine Daten zur Verfügung, die die Fragen »*What works?*« so beantworten können, dass sich daraus für Praktikerinnen und Praktiker verbindliche Handlungsanweisungen ableiten ließen. Und genau wie in der Medizin ist Evidenzbasierung immer eine Idealvorstellung, die berücksichtigen muss, dass selbst Formen der stärksten Evidenz durch die Bedingungen des Kontexts, in dem eine Maßnahme durchgeführt wird, beeinflusst wird (Montini & Graham, 2015, S. 1).

5.1.4 Evidenz durch Forschung

Dass die Identifizierung von Praktiken mit geringem Nutzen oder schädlichen Praktiken im pädagogischen Bereich schwieriger ist als beispielsweise in der Medizin, heißt jedoch nicht, dass sie unmöglich ist. Der Wirtschaftswissenschaftler Robert Solow kommentierte Stimmen, die die Unmöglichkeit objektiver Aussagen in den Sozialwissenschaften mit dem bekannten Zitat: »Es ist, als ob wir feststellen würden, dass es unmöglich ist, einen Operationssaal vollkommen keimfrei zu machen, und daher zum Schluss kämen, dass man ebenso gut in einem Abwasserkanal operieren könnte« (Solow 1970, S. 101, übersetzt). Und dies gilt auch für empirische Forschungsergebnisse im Kontext der Schule: Weil sich keine eindeutigen Kausalzusammenhänge feststellen lassen, bedeutet dies nicht, dass wirksame, wirkungslose und schädliche pädagogische Praktiken nicht identifizierbar wären. Daraus, dass empirische Forschungsergebnisse in diesem Bereich selten konfundierende Variablen perfekt kontrollieren können, lässt sich nicht ableiten, dass sie deswegen keine Aussagekraft haben.

Im Bildungsbereich werden in der Regel die Evidenzgrade 7 bis 3 erreicht. Bauer und Kollar (2023) weisen aber darauf hin, dass hier zumindest teilweise eine andere Perspektive auf den Evidenzbegriff vorherrscht als in der Medizin und eine Einteilung von Evidenzklassen aus der Medizin – ebenso wie der *What-Works*-Ansatz – nur bedingt übertragbar sind. Evidenz wird als Grundlage dafür verwendet, die Gültigkeit einer Behauptung festzustellen, indem geprüft wird, ob diese Behauptung epistemisch gerechtfertigt oder widerlegbar ist (Toulmin, 2003).

- Behauptung (Claim): eine kontroverse Behauptung, die debattiert werden kann (Beispiel: »Noten gehören abgeschafft.«)
- faktische Grundlage (Grounding): die Grundlage, die die Behauptung beweist, bestehend aus Fakten oder Belegen (Beispiel: »Noten führen zu ungerechten Bewertungen.«)
- Rechtfertigung (Warrant): die logische Verbindung zwischen einer Behauptung und der vorliegenden Evidenz; liefert die Logik, warum die Evidenz die Behauptung beweist. (Beispiel: »Noten unterliegen subjektiven Verzerrungen von Lehrkräften.«)
- Unterstützung (Backing): die Evidenz, die die Rechtfertigung unterstützt. (Beispiel: »Studien zeigen, dass die Objektivität von Prüfungen, aus denen Noten gewonnen werden, sehr niedrig ist. Unterschiedliche Lehrkräfte bewerten ein und dieselbe Prüfung sehr unterschiedlich.«)

Handlungs- bzw. entscheidungsrelevant ist in Toulmins Modell damit nicht die Evidenz selbst, sondern die Aussage, für welche die Evidenz vorliegt. Evidenz dient also zunächst rein der erkenntnismäßigen Legitimierung einer Aussage: sie liefert einer Person eine gerechtfertigte Grundlage, eine Behauptung zu glauben und in der Folge vernünftigerweise Entscheidungen auf sie zu stützen.

Deshalb ergibt es wenig Sinn, bestimmte Evidenztypen von der konkreten Fragestellung unabhängig und grundsätzlich zu bevorzugen.

»Um die Gültigkeit der Aussage zu beurteilen, dass in Deutschland Mädchen im Vergleich zu Jungen häufiger eine Gymnasialempfehlung erhalten, ist andere Evidenz erforderlich als für die Klärung der Frage, welche Mechanismen solche Disparitäten

5 Wie De-Implementierung funktioniert

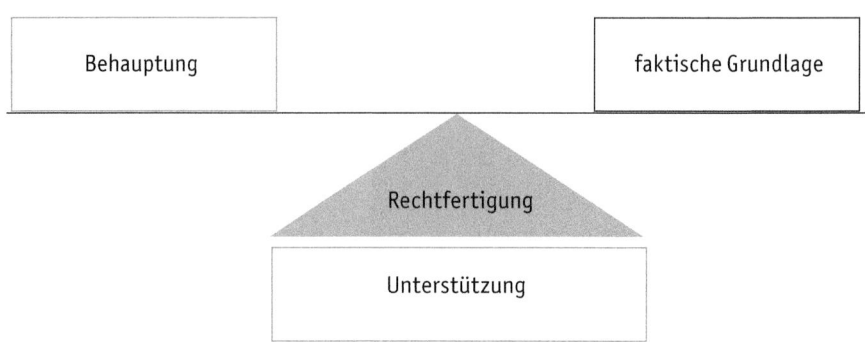

Abb. 15: Argumentationsmodell von Toulmin (2003)

verursachen oder mit welchen Interventionen man ihnen wirksam begegnen könnte« (Engelen et al. 2010, zitiert nach Bauer & Kollar, 2023, S. 129).

Eine evidenzgestützte Reflexion von Praktiken bedeutet nicht: »Eine Maßnahme wird gestrichen, weil eine Studie sagt, dass sie nichts bringt«. Sie bedeutet vielmehr: »Die subjektiven Erfahrungen in Bezug auf die Wirksamkeit einer Praktik werden anhand von Forschungsbefunden reflektiert«. Der bei Lehrerinnen und Lehrern äußerst beliebte Satzanfang »Aus meiner Erfahrung ...« wird vor allem dann problematisch, wenn diese eigene Erfahrung verabsolutiert und dabei die Fehleranfälligkeit subjektiver Wahrnehmung nicht mehr berücksichtigt wird.

Wenn Personen pädagogische Praktiken aus ihrer subjektiven Sicht heraus bewerten, sind diese Bewertungen zwangsläufig durch verschiedene psychologische Mechanismen beeinflusst (Appel, 2020):

- *confirmation bias* (selektives Wahrnehmen, Interpretieren und Erinnern von Informationen, so dass sie unsere vorhandenen Überzeugungen oder Hypothesen bestätigen und Ignorieren oder Abwerten von Informationen, die diesen widersprechen)
- *continued influence effect of misinformation* (Beibehalten einer Annahme, selbst wenn man weiß, dass sie nachweislich und durch Gegenargumente widerlegt ist)
- *self-serving bias:* Lehrerinnen und Lehrer könnten dazu neigen, Erfolge auf persönliche Fähigkeiten oder Anstrengungen zurückzuführen, während Misserfolge eher externen Faktoren zuschreiben, wie zum Beispiel ungünstigen Umständen oder Schülern.

Der erste Schritt der De-Implementierung ist die Reflexion der Überbewertung subjektiver Erfahrung. Dies bedeutet nicht, die eigene Erfahrung abzuwerten, sondern lediglich, sich bewusst zu sein, dass diese gerade bei der Bewertung pädagogischer Praktiken extremen Verzerrungen ausgesetzt sein kann.

> **Beispiel: Lerntypen**
> Das Konzept der Lerntypen basiert auf der falschen Vorstellung, dass Menschen unterschiedliche Lernpräferenzen haben, wie visuell, auditiv oder haptisch. Die Annahme ist, dass Lernen effektiver ist, wenn die Lernumgebung auf diese Präferenzen abgestimmt ist, also Lernmaterial für die verschiedenen Typen angepasst wird. Wäre die Vorstellung von Lerntypen richtig, könnte man Toulmins (2003) Argumentationsschema folgendermaßen darauf anwenden:
>
> - Behauptung (Claim): »Lehrerinnen und Lehrer sollten ihre Didaktik an verschiedenen Lerntypen ausrichten.«
> - vermeintliche faktische Grundlage (Grounding): »Menschen haben bevorzugte Wege des Lernens, wie visuell, auditiv oder kinästhetisch, über die sie besser lernen als über andere.«
> - vermeintliche Rechtfertigung (Warrant): »Die Berücksichtigung von Lerntypen durch Lehrerinnen und Lehrer führt zu besseren Lernergebnissen ihrer Schülerinnen und Schüler.«
> - vermeintliche Unterstützung (Backing): »Studien zeigen, dass Schülerinnen und Schüler, deren individuelle Lernstile berücksichtigt wurden, eine höhere Leistung erzielen.«

Aus empirischer Sicht gibt es keine überzeugende Unterstützung dafür, dass eine Anpassung des Unterrichts an individuelle Lerntypen das Lernen verbessert. Metaanalysen von quasi-experimentellen Studien (Evidenzklasse 3) zeigen keine Unterschiede bezüglich der Lernerfolge von Schülerinnen und Schülern, wenn Lehrkräfte Lerntypen berücksichtigen (Rogowsky et al., 2015). Vielmehr lassen sich durch einzelne Studien (Evidenzklasse 4) sogar negative Auswirkungen des Konzeptes nachweisen, indem die Berücksichtigung von Lerntypen bei Lehrkräften zu falschen Einschätzungen der intellektuellen Fähigkeiten von Schülerinnen und Schülern und bei Letzteren zur Hemmung von Lernfortschritten führt (Nancekivell et al. 2020; Sun et al. 2023). Auch theoretisch lässt sich die Theorie nicht begründen. Es gibt keine empirische Unterstützung für die Rechtfertigung von Lerntypen. Vielmehr steht die

Rechtfertigung im Widerspruch zu einer ganzen Reihe von gesicherten Erkenntnissen der Kognitions- und Lernpsychologie aus Studien der Evidenzklassen 5 und 4 (zusammenfassend Daumiller & Wisniewski, 2022): Lernen ist nicht gleichbedeutend mit der Aufnahme von Informationen über Sinneskanäle ist, sondern hängt primär von weitgehend sinnesunabhängigen kognitiven Prozessen wie Verstehen, Problemlösen und Bedeutungserfassung ab. Präferenzen sind zudem nicht gleichbedeutend mit festen Eigenschaften und Lernen nicht gleichbedeutend mit dem bloßen Merken von Informationen.

Und trotzdem ist der Mythos »Lerntypen« bei Lehrerinnen und Lehrern bis heute weit verbreitet. In einer Metaanalyse (Evidenzklasse 3) von Newton & Salvi (2020) wurden 37 Studien mit einer Stichprobe von 15.405 Lehrerinnen und Lehrern aus 18 Ländern identifiziert, die den Zeitraum von 2009 bis Anfang 2020 abdecken. Das Vertrauen dieser Personen in die Anpassung ihres Unterrichts an Lernstile war hoch und reichte von 89,1 % bis 97,6 %. Es gab auch keine Anzeichen dafür, dass dieses Vertrauen in den letzten Jahren abgenommen hätte. Auch in einer deutschen Stichprobe (Evidenzklasse 4) ist der Glaube an Lerntypen weit verbreitet: 95 % von angehenden Lehrerinnen und Lehrern stimmen der Aussage zu, dass man die unterschiedlichen Lerntypen bei der Unterrichtsplanung berücksichtigen sollte (Menz et al., 2021).

Die Berücksichtigung von Lerntypen (und die Ausrichtung von Unterricht an diesem Konzept) ist ein Beispiel für eine Praktik mit geringem Nutzen oder sogar eine schädliche Praktik, die trotzdem für viele Lehrerinnen und Lehrer intuitiv schlüssig und sinnvoll erscheint. Die empirische Forschung zeigt, dass eine positive Wirkung nicht nachgewiesen werden kann und dass die Annahmen, die hinter dem Konzept stehen, nicht haltbar sind. Wenn sich der Nutzen einer Praktik in einem Großteil der dazu durchgeführten Studien nicht bestätigen lässt, wenn Metaanalysen, die viele Studienergebnisse zusammenfassen, ebenfalls keine positiven Effekte belegen und wenn die theoretischen Annahmen, die hinter Praktiken stehen, im Widerspruch zu Forschungsergebnissen stehen, dann stellt diese Praktik mit sehr hoher Wahrscheinlichkeit eine Verschwendung von Ressourcen dar. Besonders problematisch ist dies, wenn die Forschungsergebnisse in eklatantem Widerspruch zu den subjektiven Einschätzungen einer großen Zahl von Lehrerinnen und Lehrern stehen.

5.1.5 Evidenz durch eigene Evaluation

Nicht für jede spezifische schulische Praktik existiert empirische Forschung zu deren Wirksamkeit, und nicht zu jedem spezifischen Kontext einzelner

Schulen passen die existierenden Befunde der empirischen Forschung. Evidenz zur Wirksamkeit, die über subjektive Erfahrungen hinausgeht, kann aber auch durch Schulen selbst erzeugt werden.

> **Beispiel: Tage der offenen Tür**
> Tage der offenen Tür sollen es Schülerinnen und Schülern sowie deren Erziehungsberechtigten ermöglichen, sich einen Eindruck von ihren zukünftigen Schulen zu machen. In vielen Fällen sollen sie auch als Werbemaßnahme für Schulen dienen und deren Attraktivität herausstellen. Da an diesen Tagen in der Regel spezielle Angebote in Form von kleinen Aufführungen, Projekten oder Aktionsständen gemacht werden, binden diese Veranstaltungen in hohem Maße zeitliche Ressourcen von Lehrerinnen und Lehrern.
>
> Daher stellt sich auch hier die Frage: Ist der Tag der offenen Tür eine wirksame Praktik? Allerdings muss die Frage in diesem Zusammenhang wahrscheinlich für jede Schule individuell beantwortet werden. Wie viel Sinn ergibt ein Tag der offenen Tür an einer Schule, die von 600 Bewerbungen nur 300 neue Schülerinnen und Schüler aufnehmen kann pro Jahr? Wie viel Sinn ergibt eine solche Veranstaltung dagegen an einer Schule, die mit einer oder mehreren benachbarten Schulen um Neuanmeldungen konkurriert, wobei früher oder später einer der Standorte von der Schließung bedroht ist? Schon die unterschiedlichen Kontexte weisen darauf hin, dass die Wirksamkeit der Praktik »Tag der offenen Tür« mit hoher Wahrscheinlichkeit stark kontextabhängig ist. Forschungsergebnisse können daher bei der Beantwortung der Frage nur bedingt hilfreich sein (würden sie überhaupt existieren). Eine systematische eigene Befragung der neuangemeldeten Schülerinnen und Schüler sowie deren Erziehungsberechtigten in schriftlicher und anonymer Form kann aber die Frage nach dem persönlichen Grund für die Schulwahl enthalten. Wird dort der Tag der offenen Tür in bedeutender Häufigkeit als einer der Schulwahlgründe genannt, ist eine De-Implementierung dieser Praktik an der betreffenden Schule nicht sinnvoll. Spielt er für die Schulwahl keine Rolle, sind die aufgewendeten Ressourcen nicht gerechtfertigt (man führt die Maßnahme dann nur durch, weil das so üblich ist) und können anderweitig sinnvoller eingesetzt werden.

5.2 Wie man aufhört, an sinnlosen Dingen festzuhalten

Nachdem man eine dysfunktionale Praktik identifiziert hat, scheint der nächste Schritt im Prozess der De-Implementierung trivial: Man muss sie nun ja einfach nur weglassen. Dieser Eindruck täuscht jedoch, da Menschen immer Gründe haben, etwas zu tun. Diese Gründe können rational nicht erklärbar sein. Dies bedeutet aber nicht, dass sie subjektiv keinen Sinn ergeben. Wie in Kapitel 4.2 (▶ Kap. 4.2) gezeigt wurde, stehen jeder De-Implementierung vielfältige kognitive, emotionale, soziale und ideologische Faktoren entgegen. Fast jeder konkrete Versuch, eine bestehende Praktik zu entfernen oder reduzieren, beginnt mit einem »Ja, aber...«.

5.2.1 Das Motel-One-Prinzip

Die in Kapitel 2.1 (▶ Kap. 2.1) beschriebene Studie von Adams et al. (2021) zeigt eindrucksvoll, dass subtraktive Strategien oft übersehen werden, tatsächlich aber zu ressourcensparenden Verbesserungen führen können. An einem Beispiel aus dem Unternehmensbereich kann nachgewiesen werden, dass diese Studienergebnisse sich auch im ganz realen Kontext abbilden lassen: Die Anfang der 2000er Jahre gegründete Hotelkette Motel One ist die erfolgreichste deutsche Kette innerhalb des Low-Budget-Segments. Die Zimmerauslastung liegt mit über 70 % weit über dem Branchen-Durchschnitt, und die Gruppe hält eine Top-Position bei den Hotelratings. Die Kette war anfangs nicht erfolgreicher als ihre Konkurrenten, aber eine revolutionäre Idee führte schließlich zu dem großen Erfolg:

Die Manager prüften systematisch, welche Ansprüche die Mehrheit von Hotelgästen an ihre Unterkünfte stellt und entwickelten daraus ihr Konzept: Sie entfernten alles, was zwar üblicherweise in Hotels zur Verfügung steht, aber für die meisten Gäste gar nicht essenziell ist – Telefon, Zimmerservice, Safe, Minibar. Sie reduzierten die Zimmergröße auf 16 Quadratmeter, die Größe, die man gerade so braucht. Und im Gegenzug verbesserten sie die Elemente, die für die allermeisten Hotelgäste von zentraler Bedeutung sind: hochwertige Matratzen, hochwertige Bettbezüge, hochwertiges Design der Möbel und hochwertige Lagen in Innenstädten. Statt immer neue Features zum Angebot hinzuzufügen, um Kunden anzulocken, entfernten sie einen

Großteil der sonst üblichen Features und optimierten dann die Dinge, die übrig blieben.

Abb. 16: Hotelzimmer in einem Motel One (Abdruck mit freundlicher Genehmigung der Motel One Group)

Die Strategie lässt sich anhand von drei Grundsätzen beschreiben:

- Sie ist subtraktiv.
- Sie basiert auf Daten und gesicherten Erkenntnissen.
- Sie wird kontinuierlich evaluiert.

5.2.2 Was die Schule von Motel One lernen kann

Die drei Grundsätze, auf denen die Erfolgsstrategie von *Motel One* basiert – Subtraktivität, gesicherte Erkenntnisse und kontinuierliche Evaluation – sind auch auf Bildungseinrichtungen anwendbar.

5 Wie De-Implementierung funktioniert

Subtraktivität

Schulentwicklung nach dem *Motel One*-Prinzip priorisiert Maßnahmen, die sich auf das Entfernen, Reduzieren oder Ersetzen von Praktiken mit niedrigem Nutzen beziehen.

Im Gegensatz dazu ist den allermeisten Schulentwicklungsmaßnahmen aktuell gemein, dass etwas hinzukommt: neue Förderprogramme, neue methodische Ausrichtungen, neue Lehrmaterialien, neue technische Anwendungen etc.

Zur Anzahl der veröffentlichten Handreichungen mit dem Thema Schulentwicklung durch die damit befassten Landesinstitute, zur Anzahl der ausgebildeten Schulentwicklungsmoderatorinnen und -moderatoren und zur Höhe der Ausgaben für Fortbildungen und externe Beratung liegen leider keine Zahlen vor. In Abb. 17 sind die Suchergebnisse in Bezug auf Publikationen zu Implementierungen in der Schulentwicklung auf der Suchplattform Google Scholar dargestellt.

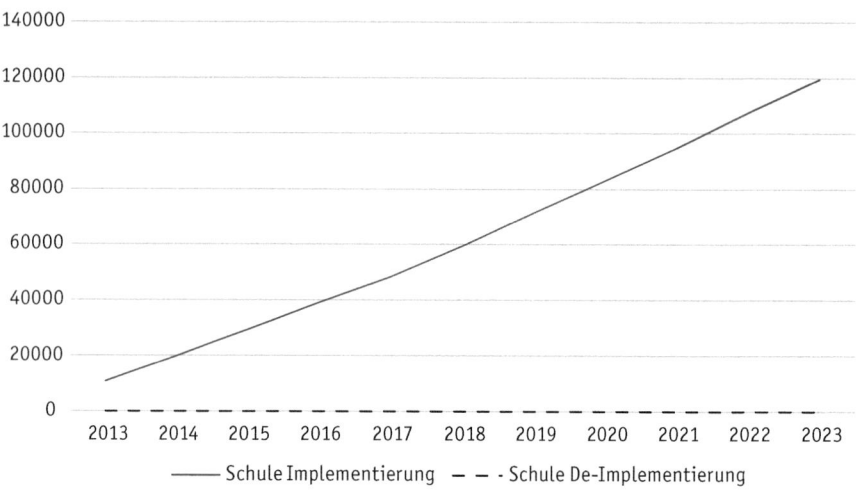

Abb. 17: Anzahl der Suchtreffer (kumuliert) zu den Stichworten bei Google Scholar (22.03.2024)

Innerhalb von zehn Jahren wurden insgesamt über 7.000 Treffer zu der Kombination der Stichworte »Handreichung Implementierung Schule« und knapp 120.000 Treffer zu der Kombination der Stichworte »Schule Implementierung« gefunden. Der Begriff der Implementierung/Implementation als Aus- oder Durchführung sowie den begleitenden Entscheidungs- und Kontrollprozessen (Buhren & Rolff, 2018) bezieht sich auf Maßnahmen des Hinzufügens, beispielsweise auf das Erweitern des Methodenrepertoires, die Einführung von Projekten, Initiativen oder Programmen, das Angebot zusätzlicher Förderangebote, zusätzliche Dokumentationen usw.

Die Begriffe »Verbesserung«, »Innovation« und »Implementierung« werden häufig quasi synonym verwendet (wie etwa bei Buhren & Rolff, 2018, Dalin & Rolff, 1990; Rolff et al., 2000). Das dahinterstehende Denkmuster »Verbesserung entsteht immer durch ein Mehr« und das daraus resultierende Verhaltensmuster von ständigem Hinzufügen führt dazu, dass die Tätigkeit von Lehrerinnen und Lehrern von einem kontinuierlichen Hinzukommen von Aufgaben geprägt ist – und zwar ohne, dass an anderen Stellen etwas wegfallen würde. Es führt zu Herausforderungen in verschiedenen Bereichen, wie zu überfüllten Bildungsplänen, institutioneller Bürokratie und negativen Auswirkungen auf die Gesundheit. *Besser* wird im Schulsystem in vielen Fällen gleichgesetzt mit *mehr*.

Reflexion
Machen Sie eine Liste von Maßnahmen zur Qualitätssteigerung, die an Ihrer Schule im letzten Jahr durchgeführt wurden und die auf Strategien beruhen, die zusätzliche Ressourcen erfordern. Stellen Sie dieser eine Liste mit solchen Strategien aus dem letzten Jahr gegenüber, die auf Strategien beruhen, durch die Ressourcen eingespart werden.

Die Anwendung *des Motel-One*-Prinzips bedeutet im Gegensatz zu gängigen Maßnahmen der Schulentwicklung:

- Die Quantität der angebotenen Merkmale wird reduziert, dafür aber die Qualität dessen, was angeboten wird, gesteigert.
- Vorhandene wie neue schulische Merkmale werden kontinuierlich geprüft, ob sie essenziell, möglicherweise überflüssig oder sogar hinderlich sind.
- Subtraktive Strategien werden immer als erste Option geprüft.
- Additive Strategien werden nur angewendet, nachdem vorher ausgeschlossen wurde, dass eine subtraktive Strategie mindestens zu einem gleichwertigen Ergebnis führen kann.
- Für jede neu hinzugefügte Maßnahme wird eine andere gestrichen.
- Es erfolgt eine Konzentration auf das Wesentliche und die Kernkompetenzen der jeweiligen Schule.
- Die Schulleitung berücksichtigt in der Beurteilung von Lehrerinnen und Lehrern Effizienz statt Rührigkeit

> **Beispiel: Rechenschaftsablagen**
> An einer Schule stellt man fest, dass die Schülerinnen und Schüler in einem bestimmten Fach dauerhaft unterdurchschnittliche Leistungen erbringen. Die Problemdiagnose offenbart, dass in diesem Fach aus Sicht der Lehrkräfte zu wenig Lernzeit im Verhältnis zu den umfangreichen Lerninhalten zur Verfügung steht. Die Einschätzung ist, dass man für die adäquate Vermittlung und Übung der Inhalte etwa 15 % mehr Lernzeit benötigen würde.
> Die additive Option wäre in diesem Fall, mehr Lernzeit durch Zusatzkurse oder zusätzliche Förderangebote zu schaffen, oder die Kompensation der Defizite in Form von Nachhilfe aus der schulischen Verantwortung auszulagern. Alle diese Varianten führen zu einem zusätzlichen Ressourcenaufwand an Arbeitszeit und/oder Kosten.
> Eine subtraktive und ressourcenneutrale Variante wäre dagegen die, Lernzeit durch die Entfernung einer dysfunktionalen Praktik im Unterricht zu gewinnen. Bei der in verschiedenen Schulgesetzen oder Schulordnungen als »mündliche Abfrage«, »Rechenschaftsablage«, »gezieltes Abfragen« oder »unangekündigter mündlicher Leistungsnachweis« bezeichneten Praxis handelt es sich um eine Art der Leistungserhebung, bei der eine Schülerin oder ein Schüler am Anfang einer Unterrichtsstunde Fragen zur Vorstunde beantworten muss und dafür eine Note erhält.

Der Einsatz dieser Form der Leistungserhebung lässt sich fachlich nicht begründen: Für die Schülerin oder den Schüler, die oder der die Prozedur über sich ergehen lassen muss, entstehen Stress und Angst (Dyckhofff, 2016), die ungenutzte Lernzeit und mangelnde Aktivierung sind Hauptursachen von Langeweile im Unterricht (Lohrmann et al., 2011), die Testgütekriterien der Objektivität und Reliabilität fallen für diese Art der Leistungserhebung besonders niedrig aus (Kirk, 2014), und das Einzelgespräch, bei dem die Lehrerin oder der Lehrer den Fokus auf die ganze Klasse verliert, ist ein Hauptrisikofaktor für Unterrichtsstörungen (Kounin, 1970). Für die Annahme, dass durch diese Form der Leistungserhebungen ein konsolidierender Effekt in Bezug auf die Inhalte der vorhergehenden Lerneinheit entstehen, gibt es dagegen keinerlei Belege.

Beim »Abfragen« handelt es sich folglich um eine pädagogische Praxis, die ausschließlich Nachteile hat. Sie kann rational nicht begründet werden.

Das Weglassen dieser Praxis bringt zum einen den Vorteil mit sich, dass alle genannten negativen Effekte wegfallen, und zum anderen den Vorteil von zusätzlicher Lernzeit, die einfach dadurch entsteht, dass keine Zeit für diese unnütze Praxis verschwendet wird. Durch ihr Weglassen würden pro Unterrichtsstunde etwa 20 % Zeit eingespart.

Gesicherte Erkenntnisse

Schulentwicklung nach dem *Motel One*-Prinzip basiert auf fundierten theoretischen Annahmen sowie auf empirischen Erkenntnissen.

> **Reflexion**
> Gehen Sie die Vorschläge durch, die Ihrer Schule bei der letzten externen Evaluation unterbreitet wurden. Welche konkreten Ziele wurden definiert? Durch welche wissenschaftlichen Befunde ist begründet, dass die vorgeschlagenen Maßnahmen für die Zielerreichung geeignet sind? Wie wird überprüft, ob sie zum gewünschten Ergebnis führen?

Angewendet auf Schulentwicklung wirft der Anspruch fundierter theoretischer Annahmen sowie empirischer Erkenntnisse folgende Fragen auf: Wie ist die Notwendigkeit von Maßnahmen begründet? Welche wissenschaftlichen Erkenntnisse oder lokalen Erfahrungen liegen ihnen zu Grunde? Mit welchen Theorien oder Modellen können sie unterfüttert werden? Wo wurden sie bereits nachweisbar erfolgreich durchgeführt? Warum kann man davon ausgehen, dass die Maßnahmen erfolgreich sein werden?

Hierzu ein Exkurs in einen ganz anderen Bereich: Im Jahre 1985 führte der Hersteller Coca-Cola eine neue Rezeptur für seinen beliebten Soft Drink ein, weil man sich dem Konkurrenten Pepsi anpassen wollte, der zunehmend Marktanteile einnahm. Süßer sollte die Coke deswegen vor allem sein. Aber das zentrale Element der Kampagne war: *Neu* musste sie sein. Mit dem Slogan »The New Taste of Coca-Cola« wurde die »Coca-Cola 2« oder »New Coke« weltweit beworben. Leider schmeckte sie aber den Konsumenten nicht. Daher wurde sie nach wenigen Wochen wieder vom Markt genommen und man kehrte zur Originalrezeptur zurück, die man in der Folgezeit als »Classic Coke« bewarb. Die »The New Taste of Coca-Cola«-Kampagne ging als eines der größten Marketingdesaster in die Geschichte ein. Das ›Neue‹ klingt erst einmal besser als das ›Alte‹. Dabei wird häufig ein Fehlschluss begangen, der dadurch entsteht zu glauben, Neues sei automatisch besser als Altes, ohne dass eine tatsächliche Evaluation erfolgt – der sogenannte Ad-novitatem-Fehlschluss.

Aber selbstverständlich zog ein Konzern wie Coca-Cola aus diesem Fehler Konsequenzen: Im Jahre 2005 reagierte der Konzern auf umfangreiche Konsumentenbefragungen, die ergaben, dass eine hohe Anzahl von Personen, die die klassische Coke aus Gesundheitsgründen wegen des hohen Zuckergehaltes ablehnte und gleichzeitig nicht auf die zuckerfreie Alternative zurückgriff, weil diese dem Geschmack des Originals nicht besonders nahe kam. Die Produktentwicklungsabteilung wurde beauftragt, ein Getränk ohne Zucker zu kreieren, das möglichst genauso schmecken sollte wie das Original. Als man dies erreicht zu haben glaubte, führte man das Getränk – begleitet von intensiver Marktforschung – ein. Dieses Mal hatte man also erst einmal untersucht, welche Bedürfnisse bei den Konsumenten tatsächlich vorhanden waren, statt einer vagen Vermutung (»Muss süßer werden und mehr wie Pepsi«) zu folgen. Das Ergebnis: Coke Zero wurde zum bis heute erfolgreichsten Produkt des Konzerns.

Schulentwicklung gleicht in vielerlei Hinsicht der *New Taste of Coca-Cola*-Kampagne: »Schule neu denken«, »neue Lernkultur« etc. Genau wie bei der Einführung der »Coca-Cola 2« wird auch hier in vielen Fällen versucht, durch Neuerungen eine Verbesserung herbeizuführen, wobei – ebenfalls wie bei der New Coke – ziemlich vage bleibt, inwiefern die neue Variante überhaupt besser ist als die alte.

Aus Studien zur Organisationsentwicklung ist seit langem bekannt, dass Veränderungsmaßnahmen, die nicht auf einer Aufstellung messbarer Erfolgs- und Zielkriterien sowie einer soliden Diagnose des Ist-Standes, der vorhandenen Strukturen, der Einstellungen und Glaubenssätze der Beteiligten beruhen, nicht erfolgreich sind (Doppler & Lautenburg, 2008; Frey et al., 2008; Gerkhardt & Frey, 2006).

Auf Schule bezogen müssen nach Schlee (2013) mehrere Bedingungen erfüllt sein, damit sich eine systematische und effektive Schulentwicklung von wirkungslosem und möglicherweise kontraproduktivem Aktionismus abgrenzen:

- Begründete Aussagen und Forderungen (Beruhen Maßnahmen auf substantiierten Aussagen oder auf Phrasen und Buzzwords?)
- Klares und angemessenes Gegenstandsverständnis (Liegt bei den Verantwortlichen eine angemessene Expertise vor vs. »Bock zum Gärtner«)
- Klare und angemessene Zielformulierungen (Was genau soll durch Veränderungen überhaupt erreicht werden?)
- Leistungsfähige Modelle (Welche Variablen wirken zusammen? Welche Zusammenhänge und Abhängigkeiten gibt es? Welche kausalen und wechselseitigen Beziehungen bestehen?)
- Taugliche Theorien (Wie können Wirkungen von Maßnahmen adäquat beschrieben, erklärt und vorhergesagt werden?)

- Berücksichtigung der Bedeutung von Rahmenbedingungen (Welche spezifischen Merkmale der jeweiligen Schule sind zu berücksichtigen?)
- Anwendung erprobter Verfahren (Wo und wie häufig wurden Maßnahmen bereits eingesetzt und mit welchem Erfolg?)
- Beachtung von Nebenwirkungen (Welche unerwünschten Effekte können auf Grund der Maßnahme eintreten?)
- Vermeiden von ad-novitatem-Fehlschlüssen (Handelt es sich bei Innovationen tatsächlich um Verbesserungen?)
- Berücksichtigung ethischer Erwägungen
- Durchführung von Probeläufen

Die erste Frage, die *vor* der Durchführung jeglicher Schulentwicklungsmaßnahme gestellt werden sollte, ist die nach der Begründung der Vorteile: Welche logischen Argumente, welche fundierten Theorien und Modelle und welche empirischen Nachweise gibt es für die Annahmen, welche die Maßnahme rechtfertigen?

Eine fehlende oder unzureichende theoretische und empirische Begründung von Maßnahmen verhindert die systematischen Verbesserungen, die Schulentwicklung anstrebt.

Dies bedeutet im Einzelnen:

- Jede neue Maßnahme ist auf der Basis von Belegen in Bezug auf ihre erwartete Wirkung zu begründen.
- Jede Maßnahme wird mit dem Forschungsstand abgeglichen.
- Belegbare Erfahrungen anderer Schulen nach längerer Zeit werden berücksichtigt.
- Entscheidungen werden auf der Basis von Daten, nicht auf der Basis von pädagogischen Trends oder subjektiven Alltagstheorien getroffen.
- Feedback aller Beteiligten (Lehrkräfte, Erziehungsberechtigte, Schülerinnen und Schüler) wird kontinuierlich erhoben und bei Entscheidungsprozessen als Grundlage verwendet.
- Der Fokus aller Maßnahmen liegt auf den Bedürfnissen und dem Wohlbefinden der Schülerinnen und Schüler sowie der Lehrkräfte.

Beispiel: Edu-Kinestetik
Unter verschiedenen Labels werden in vielen Schulen Bewegungsübungen mit Schülerinnen und Schülern durchgeführt, die auf der Annahme beruhen, dass durch bestimmte motorische Abläufe die beiden Gehirnhälften in einer Weise »vernetzt« werden können, so dass eine einseitige Belastung

> der jeweiligen Gehirnhälften korrigiert und so das schulische Lernen verbessert werden kann. Lernschwierigkeiten und sogar psychische Störungen wie hyperkinetische Störungen sollen damit behandelbar sein. Schülerinnen und Schüler sollen beispielsweise liegende Achten mit ihrer Augenbewegung nachvollziehen oder bestimmte Körperstellen über Kreuz berühren.
>
> Diese Übungen sind der sogenannten Edu-Kinestetik zuzuordnen. Angebote der Edu-Kinestetik finden sich bis heute nicht nur auf unzähligen Esoterik-Webseiten, sondern eben auch in der staatlichen Lehrkräftefortbildung[9].
>
> Edu-Kinestetik beruht nicht auf wissenschaftlichen Erkenntnissen der Medizin, Anatomie, Neurobiologie oder irgendeiner anderen wissenschaftlichen Disziplin. Im Gegenteil: Sie sind mit dem Forschungsstand dieser Disziplinen nicht vereinbar und widersprechen diesen zum Teil diametral (Beck, 2016; Weinstein et al., 2018). Die Edu-Kinestetik kann zudem keinen der ihr von ihren Vertreterinnen und Vertretern zugeschriebenen Effekte belegen (Breitenbach & Kessler, 1997; Logen et al., 2004; Spaulding et al., 2010).

Edu-Kinestetik ist ein Beispiel für eine im Kontext Schule angewandte Praxis, deren Sinnhaftigkeit sich durch die zu Grunde liegenden theoretischen Annahmen bezüglich des Funktionierens des menschlichen Gehirns nicht begründen lässt.

Erfolgskontrolle

Schulentwicklung nach dem *Motel One*-Prinzip wird kontinuierlich evaluiert.

Einschlägige Modelle der Schulentwicklung wie das von Dalin und Rolff (1990) sind nach Phasen gegliedert (Initiierung, Einstieg, Steuergruppe, Kontrakt, Datensammlung, Daten-Feedback, Zielerklärung/Zielvereinbarung, Aktionsplanung, Implementation, Institutionalisierung, Evaluation, Nächste Runde des Entwicklungsprozesses). Die Evaluation ist in den Modellen eine wesentliche Phase. Aber wie sieht es in der Realität mit der Umsetzung aus?

Konventionelle Schulentwicklung entzieht sich weitgehend einem empirischen Zugang. Es gibt folglich auch keine publizierten Daten dazu,

---

9 beispielhaft unter https://lehrerbildung.bildung.hessen.de/suche/region/suche_fortbildung_db_kassel.html/details/?la_id=0045365704 [Abruf am 09.04.2024] oder https://nlc.info/app/edb/event/24464 [Abruf am 09.04.2024]

- wie viele Schulentwicklungsmaßnahmen in Deutschland in den letzten zehn Jahren durchgeführt wurden,
- wie viele dieser Maßnahmen erfolgreich waren,
- wie viele dieser Maßnahmen im Sand verliefen,
- wie viele dieser Maßnahmen ungünstige Effekte hatten oder zum Gegenteil des gewünschten Ergebnisses führten,
- wie viel Arbeitszeit durch die Maßnahmen in Anspruch genommen wurde und wie viel Arbeitszeit an anderer Stelle durch sie eingespart werden konnte.

Der Schulentwicklungsforscher Hans-Günter Rolff konstatiert:

»Es kommt häufig vor, dass Schulen im Rahmen ihrer Schulentwicklungsberatungskonferenz Entwicklungsschwerpunkte festlegen und das Kollegium in Gruppen einteilen, die diese Schwerpunkte in einer vage begrenzten Zeit mit Inhalt füllen und abarbeiten sollen. Danach geschieht dann erst einmal wenig, was lange Zeit kaum auffällt. Die Gruppen treffen sich ordnungsgemäß und besprechen verschiedene Dinge miteinander. Der Prozess plätschert dahin. Nach geraumer Zeit erinnert sich kaum noch jemand daran, dass in der Schule jemals von einem Schulentwicklungsprozess gesprochen wurde, geschweige denn an die Ziele, die damit verbunden wurden« (Rolff et al. 2000, S. 110)

Und Jürgen Oelkers, ein weiterer Schulentwicklungsforscher ergänzt:

»Was dieser Sprache [der Schulentwicklung] fehlte, war eine Datenbasis. Die Lernziele standen auf dem Papier; ob sie erreicht wurden oder nicht, war Objekt einer vorempirischen Hoffnung, die Lehrplankonstrukteure oft in die Form einer messianischen Erwartung kleiden, wenn sie Auskunft geben müssen, was ihre schwergewichtigen Produkte in der Praxis bewirken werden« (Oelkers, 2008, S. 1).

Eine Evaluation, mit der sich tatsächlich überprüfen lässt, ob Veränderungsmaßnahmen die gewünschte Wirkung erzielen, muss bestimmten Anforderungen genügen. Die Deutsche Gesellschaft für Evaluation gibt für seriöse Evaluationen unter anderem folgende Standards vor (DeGEV, 2016):

- Zwecke, Fragestellungen und Vorgehen der Evaluation, einschließlich der angewandten Methoden, sind genau dokumentiert und werden präzise beschrieben, so dass sie durch Außenstehende nachvollzogen und beurteilt werden können.
- Die fachlichen Maßstäbe orientieren sich an den Gütekriterien der empirischen Forschung.
- Die in einer Evaluation gesammelten, aufbereiteten, analysierten und präsentierten Informationen werden systematisch auf Fehler geprüft,

insbesondere auf subjektive Einflüsse (»Keinesfalls dürfen sich Bewertungen eher auf subjektive Einschätzungen der Evaluierenden als auf die ermittelten Daten stützen. Wo erforderlich, soll die Berichterstattung eine Diskussion alternativer Interpretationen beinhalten«, S. 48).
- Meta-Evaluationen evaluieren Evaluationen.

Die Evaluation des Projekterfolgs spielt im Allgemeinen keine bedeutende Rolle bei Entscheidungen auf lokaler Ebene, ob ein Reformvorhaben fortgeführt werden soll oder nicht (Buhren & Rolff, 2018). Schule fügt immer weitere Elemente, Strukturen, Abläufe, Programme, Inhalte usw. hinzu, sie tut dies, ohne Daten zu berücksichtigen, die schon vorliegen, und sie tut dies, ohne die Veränderungen zu evaluieren.

Und Gleiches gilt für die Meta-Evaluation: Wie wird externe Evaluation durch Schulaufsichten, in deren Rahmen Zielkriterien für Schulen generiert werden, evaluiert? Welche nachweisbaren Verbesserungen wurden bisher durch externe Evaluation herbeigeführt?

Eine fehlende oder unzureichende Evaluation von Maßnahmen verhindert die systematischen Verbesserungen, die Schulentwicklung anstrebt.

Reflexion

Erstellen Sie eine Liste mit den Maßnahmen der Schulentwicklung an Ihrer Schule in den letzten 5 Jahren anhand folgender drei Kategorien:

erfolgreich (bitte genaues Erfolgskriterium angeben)	im Sande verlaufen	erfolglos

Eine nicht systematische Schulentwicklung befindet sich im Blindflug. Es werden in unzähligen Handreichungen, Schulentwicklungsprogrammen und Fortbildungen immer neue Implementationen gefordert und einzuführen versucht, aber in den meisten Fällen kann weder nachgewiesen werden, dass diese Implementierungen solide begründet sind, noch dass sie tatsächlich die gewünschte Wirkung haben. Der Anspruch »An ihren Früchten sollt ihr sie erkennen« wird in Bezug auf schulische Implementierungsmaßnahmen in der Regel nicht formuliert (Schlee, 2013). Und die mit dem Thema der Schulentwicklung beauftragten (Landes)institute veröffentlichen zwar hunderte von

5.2 Wie man aufhört, an sinnlosen Dingen festzuhalten

Handreichungen zur Implementierung von Schulentwicklungsmaßnahmen, aber keine Studien zur Wirksamkeit dieser Implementierungen.

Möchte man aus den empirischen Daten zur Schulentwicklung der letzten zehn Jahre ein Fazit ziehen, so lautet dieses: Es wurden viele Programme, Methoden, Strukturen und andere Merkmale implementiert, eine objektiv feststellbare Qualitätssteigerung konnte mit diesen Implementierungen aber nicht erreicht werden.

Die Anwendung des *Motel-One*-Prinzips bedeutet im Einzelnen:

- Jede neue Maßnahme ist nach spätestens einem Jahr auf ihre Wirkung hin zu überprüfen.
- Immer, wenn Zeit für Implementierung aufgewendet wird (und wenn es nur das Vorstellen dieser bei einer Konferenz oder einem pädagogischen Tag ist), muss nach einem Zeitraum von höchstens einem Jahr eine systematische Überprüfung der Wirkung dieser Implementierung erfolgen.
- Es ist für jede eingeführte Maßnahme im Abstand von höchstens einem Jahr festzuhalten, ob diese erfolgreich durchgeführt wurde, im Sand verlaufen ist oder zurückgenommen wurde.
- Bei Maßnahmen, die nach höchstens einem Jahr keinen nachweisbaren Nutzen erzeugt haben, kann einmal nachgesteuert werden, danach ist die Maßnahme zu beenden.

Beispiel: Team Teaching
In Österreich führte man im Rahmen der Reform der Mittelschule ab dem Schuljahr 2008/2009 zur Erleichterung der Inklusion das Prinzip des Team Teaching ein (Feller, 2015). Unter Aufwendung erheblicher materieller Ressourcen wurde – neben anderen Maßnahmen – in jedem Klassenverband eine zweite Lehrkraft eingesetzt, mit dem Ziel einer kooperativen Form des Unterrichtens, bei der sich die Lehrenden gegenseitig unterstützen und ergänzen sollten. Die zu diesem Zeitpunkt vorliegenden empirischen Forschungsergebnisse zur Wirksamkeit von Team Teaching wiesen darauf hin, dass die Effekte von Team Teaching je nach Kontext und Umsetzung von sehr niedrig bis sehr hoch variieren (Murawski & Lee Swanson, 2001).

Im Modellversuch in Österreich werden die Schülerinnen und Schüler in Deutsch, Englisch und Mathematik in einem Teil der vorgesehenen Unterrichtsstunden von zwei Lehrkräften unterrichtet. Eine Evaluationsstudie der neuen Mittelschule im Jahr 2015 zeigte, dass die Reformen weder zu Leistungsverbesserungen noch zu mehr Chancengleichheit geführt hatten:

5 Wie De-Implementierung funktioniert

»Nachweise der Wirksamkeit einzelner Maßnahmen – z.B. des Teamteachings oder der Kooperation mit den höheren Schulen – konnten im Rahmen des vorgegebenen Designs der Evaluation nicht abgesichert werden« (Eder et al., 2015, S. 463). Da die Team Teaching-Stunden 97 Prozent der Zusatzkosten für die neue Mittelschule verursachen, empfahl der österreichische Rechnungshof auf der Basis dieser Evaluationsstudie, diese massiv zu reduzieren[10]. Eine weitere Evaluationsstudie im Jahr 2024 (Schreiner & Helm, 2024) offenbarte, dass in den Fächern Mathematik und Englisch keine relevante Zunahme der Lernunterstützung beobachtbar war, in Mathematik sogar eine Abnahme.

Wie wenig sich das neue System in der Realität im beschriebenen Kontext bewährte, lässt sich auch an dem Spitznamen erkennen, den die zusätzlich anwesenden Pädagogen erhielten: Von den Schülerinnen und Schülern werden sie ›Heizkörperlehrer‹ genannt, weil sie meist an einem Heizkörper lehnen, während die andere Lehrperson den Unterricht wie üblich durchführt[11].

Reflexion
Überlegen Sie, welche Implementierungen von Schulprojekten etc. Sie im Laufe Ihrer Tätigkeit schon miterlebt haben. Wurden dafür in reduktiver Weise an anderer Stelle Tätigkeiten gekürzt? Wie waren die Maßnahmen theoretisch und empirisch begründet? Gab es dazu eine Evaluation? Wie nachhaltig waren diese Projekte aus Ihrer Sicht mit etwas zeitlichem Abstand?

Beispiel: Methodentraining
In mehreren Bundesländern, primär in Nordrhein-Westfalen und Rheinland-Pfalz, wurde ab den 1990er Jahren eine weitreichende (da in den Lehrplänen implementierte) Reform des Unterrichts durchgeführt. Unter Berufung auf den ehemaligen Lehrer Heinz Klippert, der sich durch die Veröffentlichung einer Buchreihe zur Schulreform einen Namen gemacht hatte, sollte sich der Schwerpunkt des Unterrichtens von einer Vermittlung von Inhalten zu einer Vermittlung von Methoden verlagern. Schülerinnen

---

10 https://www.derstandard.at/story/2000035902927/neue-mittelschule-rechnungshof-kritik-an-team-teaching

11 https://www.sueddeutsche.de/bildung/schule-ganztag-ist-nicht-das-beste-fuer-die-schueler-1.2972413

> und Schülern sollten trainiert werden, bestimmte Strategien einzusetzen, um sich Inhalte dann selbst aneignen zu können. Fortan bearbeiteten Schülerinnen und Schüler Arbeitsblätter zur Informationsaufnahme aus Texten, zum Teambuilding und zu anderen von Inhalten abgelösten Kompetenzen. Das Ziel war also die Vermittlung generischer Kompetenzen – Fähigkeiten, die unabhängig von einem spezifischen Fachgebiet oder einer bestimmten Anwendungssituation sind und von denen man annimmt, dass sie in verschiedenen Kontexten angewendet werden und über diese hinweg übertragen werden können. Die Annahme hinter der Reform war die, dass Schulen nicht Wissen vermitteln, sondern Lernende befähigen sollen, sich selbst Wissen anzueignen und dass das menschliche Gehirn allgemeine Methoden erlernen könne, die genau dies ermöglichen, egal ob für das Fach Deutsch, Geschichte oder Mathematik und sich diese Methoden dann auf andere Inhalte transferieren ließen. Auch unabhängig von den inzwischen weitgehend revidierten bzw. im Sande verlaufenen Reformen zum Methodentraining hat sich das Konzept z. B. in Form von sogenannten »Lernen lernen«-Kursen deutschlandweit etabliert. Die Implementierung kann also auf zwei Ebenen betrachtet werden: einerseits als schulinterne Maßnahmen eines Kursangebotes, andererseits als flächendeckend eingeführte Schulentwicklungsmaßnahme im Rahmen des Projektes »Schule & Co«.

Die drei in diesem Kapitel genannten Kriterien für nicht zielführende Innovationen können an Methodentrainings nachgewiesen werden: Die Trainings oder Kurse, in denen unabhängig von jeweiligen Fachinhalten Lerntechniken oder -methoden vermittelt werden sollen, erfordern zusätzliche Ressourcen, haben keine oder eine kaum belastbare theoretische Begründung und ihre Evaluation zeigt in den allermeisten Fällen, dass sie keine oder geringe positiven Effekte aufweisen.

Erstens: Sie erfordern zusätzliche Ressourcen. Es finden zusätzliche Fortbildungen statt, in denen das Vorgehen und die Inhalte vermittelt werden, es entsteht zusätzlicher Vorbereitungsaufwand und, da Unterrichtszeit eine begrenzte Ressource ist, kann diese nicht für andere, wirksamere Inhalte verwendet werden.

Zweitens: Sie haben keine belastbare theoretische Begründung: Die psychologische Gedächtnisforschung zeigt, dass es Schülerinnen und Schülern in der Regel nicht oder kaum gelingt, erlernte metakognitive Strategien von einem fachlichen Inhalt auf andere zu übertragen (Schneider & Pressley, 1989). Und aus der psychologischen Kognitionsforschung ist seit Jahrzehnten bekannt, dass die überwiegenden Anteile von Wissen und Können domänenspezifisch und eben nicht generisch sind. Sie werden in einem Bereich oder Fachgebiet erworben und können nicht oder nur auf eng verwandte Bereiche übertragen werden (Chase & Simon, 1973).

Die meisten höheren kognitiven Fähigkeiten wie Verstehen, Vernetzen, Analysieren von Informationen, zu deren Entwicklung Schule beitragen möchte, sind eng mit fachlichen Inhalten verwoben. Ihr erfolgreicher Erwerb hängt in hohem Maße davon ab, was Lernende bereits wissen. Methodentrainings und »Lernen lernen«-Kurse, die von fachlichen Inhalten abgekoppelt sind, ignorieren wesentliche Eigenschaften unseres Gedächtnisses und der menschlichen Informationsverarbeitung.

Drittens: Die Evaluation von Methodentrainings zeigt in der Regel geringe oder gar keine positiven Effekte. Wenn überhaupt, dann lassen sich solche bei der Aneignung von Oberflächenwissen – also in Bezug auf Auswendiglernen – beobachten oder in dem Fall, dass die Trainings unmittelbar mit fachlichen Inhalten verknüpft sind (Hattie, 2009). Ein unabhängiges Gutachten kommt in Bezug auf das Schulentwicklungsprogramm »Schule & Co« (Brenner, 2002) zu folgendem Urteil:

> »Das Projekt Schule & Co wird in seiner Gesamtanlage den internationalen Standards der Schulentwicklung nicht gerecht. [...] Es folgt keinem erkennbaren Plan; es hat kein klar benennbares Ziel und es legt keine Qualitäts- und Leistungskriterien fest [...] Eine systematische Evaluation und ein Leistungsvergleich mit anderen Schulen wurden nicht vorgenommen. Positive Rückmeldungen bleiben vereinzelt und stützen sich auf intuitive Eindrücke der beteiligten Lehrkräfte.«

5.3 Wie man sinnlose Dinge dauerhaft los wird

Auch wenn die drei Grundbedingungen für gelingende De-Implementierungsprozesse – Subtraktivität, ein Basieren auf fundierten Erkenntnissen und kontinuierliche Evaluation – gegeben sind und dysfunktionale Praktiken mit geringem Nutzen oder schädliche Praktiken reduziert oder entfernt wurden, entsteht eine zentrale Herausforderung in der Aufrechterhaltung dieser Reduktion oder Entfernung. Bei vielen dysfunktionalen Praktiken handelt es sich nicht um leicht modifizierbare Verhaltensweisen, sondern um Gewohnheiten, die sich zum Teil über Jahre hinweg entwickelt haben und sich deshalb als äußerst widerstandsfähig erweisen können. Die größte Herausforderung ist nicht, diese Praktiken abzustellen, sondern zu verhindern, dass sie nach der Abstellung wieder re-implementiert werden.

5.3.1 Intentionen stärken

Jede Form von De-Implementierung beginnt mit einer Intention. Dabei handelt es sich um eine bewusste Entscheidung, ein Verhalten auszuführen[12]. Intentionen können mit hoher Zuverlässigkeit durch Überzeugungen vorhergesagt werden. Gemäß der Theorie des geplanten Verhaltens (Ajzen, 1985) wird menschliches Handeln durch drei Arten von Überlegungen geleitet:

- Überzeugungen über die wahrscheinlichen Konsequenzen des Verhaltens (Verhaltensüberzeugungen),
- Überzeugungen über die Erwartungen anderer (normative Überzeugungen) und
- Überzeugungen über das Vorhandensein von Faktoren, die die Ausführung des Verhaltens erleichtern oder behindern können (Kontrollüberzeugungen).

Je positiver die Einstellung und subjektive Norm und je größer die wahrgenommene Kontrolle, desto stärker ist die Intention, das Verhalten auszuführen. Bei ausreichender tatsächlicher Kontrolle über das Verhalten wird erwartet, dass Menschen ihre Intentionen in Verhalten umsetzen können. Allerdings zeigt sich in der Realität, dass eine Verhaltensänderung in vielen Fällen trotz vorhandener Intention nicht stattfindet.

Wenn Intentionen mit einem Grad an Ambivalenz, Gleichgültigkeit oder Unsicherheit einhergehen, sind sie instabil und schwer in Handlungen umzusetzen. Unter diesen Bedingungen wird späteres Verhalten dann in hohem Maße durch vergangenes Verhalten vorhergesagt (Wood, 2019). Mit anderen Worten: Intentionen haben dann geringe Wirkung, und Menschen tun das, was sie in ähnlichen Situationen immer getan haben. Intendiertes Verhalten wird durch Gewohnheiten ersetzt.

> **Beispiel: One-Shot-Fortbildungen**
> One-Shot-Fortbildungen sind einmalige, häufig eher breit angelegte Fortbildungen, die selten tief in Fachinhalte und Lernprozesse eintauchen und

---

12 https://dictionary.apa.org/intention, übersetzt

sich mitunter in der Weitergabe von Tipps und Materialien erschöpfen (Lipowsky & Rzejek, 2021). Häufig bestehen sie aus einem Vortrag und/oder Workshops, die beide vor allem eine Input-Funktion haben. Die Wirksamkeit dieser Angebote ist zu bezweifeln, da sie den empirisch nachweisbaren Wirksamkeitskriterien von Lehrkräftefortbildungen in der Regel nicht oder kaum entsprechen. Hierzu zählen (nach ebd.)

- die Fokussierung auf konkrete Handlungspraktiken: Lehrkräfte werden mit ähnlichen Herausforderungen konfrontiert, wie sie diese später im Unterricht vorfinden, und Beispiele und Fälle aus dem Unterricht sowie aktuelle Themen werden aufgegriffen; Lehrkräfte haben Gelegenheit, spezifische Fähigkeiten unter vereinfachten Bedingungen auszuprobieren,
- Verknüpfung von Input-, Erprobungs- und Reflexionsphasen: Es gibt die Gelegenheit, das Gelernte im eigenen Unterricht anzuwenden und darüber zu reflektieren.
- Coaching und Feedback: Coaching- und Feedbackelemente, oft unterstützt durch digitale Tools wie Videografie des Unterrichts, werden eingesetzt, um individuelle Reflexionsprozesse zu ermöglichen
- Erfolgsdiagnostik: diagnostische Werkzeuge werden eingesetzt, um fortbildungsbedingte Veränderungen erlebbar zu machen
- Kooperation und professionelle Lerngemeinschaften: Im Rahmen der Fortbildung erfolgt ein längerfristiger Austausch zwischen Kolleginnen und Kollegen bezüglich der Fortbildungsinhalte

Fortbildungen, die diesen Kriterien nicht entsprechen, können nach aktuellem Forschungstand als Praktiken mit geringem Nutzen eingestuft werden. Trotzdem kehren viele Schulen, auch nachdem sie andere Formate ausprobiert haben, zu diesem Format zurück. Professionelle Lerngemeinschaften oder selbst die gemeinsame Fortbildung von mehreren Lehrkräften eines Kollegiums zu einem Thema sind nach wie vor die absolute Ausnahme, wie eine relativ breit angelegte Lehrkräftebefragung durch das Deutsche Schulbarometer ergab[13].

An diesem Beispiel wird deutlich, dass die Intention, wirksame Fortbildungen anzubieten, nicht verhindert, dass die De-Implementierung von One-Shot-

---

13 https://www.bosch-stiftung.de/sites/default/files/documents/2024-04/Schulbarometer_Lehrkraefte_2024_FORSCHUNGSBERICHT.pdf [Abruf am 08.06.2024]

Fortbildungen (selbst wenn sie stattgefunden hat) in vielen Fällen rückgängig gemacht wird. Dieser Rückfall in alte Muster verdeutlicht die Notwendigkeit klarer und eindeutiger Intentionen, um eine nachhaltige Veränderung zu erreichen. Um ineffektive Fortbildungsformate erfolgreich zu de-implementieren, ist es erforderlich, dass die Intentionen frei von Ambivalenz, Gleichgültigkeit und Unsicherheit sind. Eine initiale Entscheidung gegen diese Formate reicht nicht aus. Nur wenn die Entscheidungsträger in den Schulen die Merkmale wirksamer Fortbildung kennen, von deren Relevanz überzeugt sind und diese Überzeugung konsequent vertreten, kann eine dauerhafte Verhaltensänderung stattfinden. Die De-Implementierung erfordert eine kontinuierliche Unterstützung und Nachverfolgung, um sicherzustellen, dass die Änderungen bestehen bleiben. Um zu verhindern, dass Fortbildungsverhalten in erster Linie durch früheres Verhalten vorhergesagt wird, ist es erforderlich,

- die Intention zu explizieren (»Wir möchten, dass die Zeit, die unsere Lehrkräfte mit der eigenen Fortbildung verbringen, einen tatsächlichen Nutzen hat.«)
- die Intention zu begründen (»Die Kriterien, die wirksame Fortbildungen ausmachen, wurden sehr eindeutig identifiziert und One-Shot-Fortbildungen erfüllen diese Kriterien in der Regel nicht.«)
- konkrete Maßnahmen zur Unterstützung der Intention zur Verfügung zu stellen (»Wir erkennen die Teilnahme an längerfristig angelegten professionellen Lerngemeinschaften als Fortbildungszeit an.«)

In einem Satz: De-Implementierung erfordert eindeutige Intentionen.

5.3.2   Gewohnheiten ändern

Gewohnheiten sind erlerntes Verhalten oder Abfolgen von Verhaltensweisen, die relativ situationsspezifisch sind und im Laufe der Zeit unabhängig von motivationalem oder kognitivem Einfluss geworden sind – das heißt, ohne bewusste Intention ausgeführt werden[14]. Gewohnheiten sind widerstandsfähig gegen Veränderungen, da sie in vielen Fällen automatisch und unbewusst ablaufen. Personen müssen sich dagegen bewusst anstrengen, um Gewohnheiten abzulegen (Wood, 2019). Neben dem Denkmuster »Mehr ist besser«, der Länge der Zeit, in der etwas schon durchgeführt wurde und der beruflichen

---

14 https://dictionary.apa.org/habit, übersetzt

Ausbildung, sind Gewohnheiten einer der wichtigsten Bedingungsfaktoren für dysfunktionale Praktiken (Parker, 2021).

Die Dual-Process-Theorie kann die Persistenz von Gewohnheiten erklären. Hierbei handelt es sich um ein kognitionspsychologisches Modell, das zwei verschiedene Arten der Informationsverarbeitung, System 1 und System 2, beschreibt (Kahneman, 2002). System 1 arbeitet schnell, automatisch und scheinbar mühelos. Es basiert auf Intuition und läuft weitgehend unbewusst ab. System 1 ist für alltägliche Entscheidungen und schnelle Urteile verantwortlich. System 2 hingegen arbeitet langsam, kontrolliert und unter Aufwendung von Anstrengung. Prozesse im System 2 laufen bewusst ab, und es wird aktiviert, wenn wir komplexe Probleme lösen oder Entscheidungen treffen müssen, die sorgfältiges Nachdenken erfordern. System 2 ist analytisch, logisch und wird häufig für Situationen verwendet, in denen wir uns der Notwendigkeit einer gründlichen Überprüfung der Informationen bewusst sind.

Viele der Verhaltensweisen, die durch De-Implementierung adressiert werden, sind tief verwurzelt und werden automatisch durch System 1 gesteuert. Um diese Verhaltensweisen zu ändern, müssen sie ins Bewusstsein gerufen und durch das langsame, reflektierende System 2 neu bewertet werden. Um eine nachhaltige Verhaltensänderung zu erreichen, müssen Menschen lernen, neue, gesündere Gewohnheiten zu entwickeln, die schließlich ebenfalls automatisiert werden können (daher Teil von System 1 werden). Dies erfordert anfänglich eine bewusste Anstrengung und die Nutzung von System 2. Der Übergang von dysfunktionalen Praktiken zu neuen, adaptiveren Verhaltensweisen erfordert zunächst die bewusste Anstrengung des reflektierenden Systems 2, bis diese neuen Verhaltensweisen automatisiert und Teil des intuitiven Systems 1 werden.

Wie schwer das Ablegen von Gewohnheiten ist, ist aus anderen Bereichen bekannt. Ein prominentes Beispiel ist *Weight Watchers*, ein Abnehmprogramm, das auf dem Prinzip des Zählens von Kalorien basiert. *Weight Watchers* gilt allgemein als hochwirksames Programm, und viele Menschen machen offensichtlich gute Erfahrungen damit, was die anhaltende Popularität erklärt. Gefragt nach dem Langzeiterfolg dieser Programme antwortet aber ausgerechnet der CEO des Unternehmens, David Kirchhoff, überraschend:

> »In der überwiegenden Zahl der Fälle können die Leute trotz ihrer Bemühungen Veränderungen nicht beibehalten. Alle, die *Weight Watchers* lange genug machen, werden irgendwann erfolgreich sein – falls sie sich tatsächlich an das Programm halten. Was wir aber beobachtet haben, ist, dass die meisten Leute dies nicht tun« (Wood, 2019, S. 16, eigene Übersetzung).

In dem Beispiel kollidieren intendiertes und gewohnheitsmäßiges Verhalten, und das gewohnheitsmäßige Verhalten setzt sich letztendlich durch. Forschungsergebnisse zeigen, dass das Ablegen von Gewohnheiten auf Grund von willentlichen Entscheidungen sehr schwer bis unmöglich ist und vorhandene Gewohnheiten nur dadurch abgestellt werden können, dass sie durch eine neue Gewohnheit ersetzt werden (Wood, 2019). Willenskraft spielt zwar eine Rolle, ist aber begrenzt und reicht in vielen Fällen nicht aus, um langfristige Verhaltensänderungen zu gewährleisten. Stattdessen ist entscheidend, dass Umgebungen geschaffen werden, die positive Gewohnheiten fördern und negative erschweren. Gewohnheiten können nicht nur durch Habituation erklärt werden, sondern auch durch den Einfluss von kognitiven und motivationalen Bedingungen, die unverändert bleiben und die mit dem Verhalten einhergehen (Ajzen, 2002). Wenn sich der Kontext nicht ändert, ändern sich auch Gewohnheiten nicht. Solche Änderungen gelingen oft nur durch bewusste Planung und eine Umgestaltung der Umgebung, um alte Auslöser zu vermeiden und neue, positive Auslöser zu schaffen. Es lässt sich beispielsweise empirisch zeigen, dass die Menge der Nahrung, die Menschen in einer bestimmten Situation zu sich nehmen, in hohem Maße davon abhängt, wie viel andere Personen in dieser Situation essen (Vartanian et al., 2015). Das soziale Umfeld beeinflusst das eigene Verhalten, besonders bei engen Beziehungen.

Es ist daher zunächst erforderlich, Hinweise und Routinen zu identifizieren, die diese Verhaltensweisen auslösen, und zu versuchen, diese zu vermeiden oder durch positive Alternativen zu ersetzen. Durch Wiederholung und Konsistenz können neue Verhaltensweisen automatisiert und damit zu neuen Gewohnheiten werden.

> **Beispiel: Tür-und-Angel-Gespräche**
> Bedingt durch das Fehlen von fest im Arbeitsalltag verankerten Besprechungszeiten für Lehrkräfte (als Teil der Arbeitszeit) finden viele Besprechungen zwischen Kolleginnen und Kollegen, mit Vorgesetzten oder auch mit Schülerinnen und Schülern ohne echten Besprechungsrahmen in Form von Tür-und-Angel-Gesprächen statt (»Haben Sie kurz mal eine Minute?«). Dies führt zur Einschränkung der Erholungszeiten zwischen den Unterrichtsphasen und infolgedessen zu Gesundheitsrisiken (Scheuch et al., 2008).

Die De-Implementierung von Tür-und-Angel-Gesprächen erfordert neben einer eindeutigen Intention, dass eine Rückkehr zur alten Gewohnheit erfolgt. Auf individueller Ebene kann dies bedeuten:

5 Wie De-Implementierung funktioniert

- Kontext ändern: anderer Aufenthaltsort als Lehrkräftezimmer während der Pausen
- Alternative Besprechungsmöglichkeiten: »Bitte schreiben Sie mir eine E-Mail«, »Bitte komm in meine Schülersprechstunde«
- Automatisieren: Erholungsroutinen wiederholen

Auf institutioneller Ebene kann dies bedeuten:

- Einrichtung von Besprechungsräumen
- Besprechungszeiten und Schülersprechstunden für Lehrkräfte im Stundenplan festlegen
- Kommunikationstools zur Verfügung stellen, die Absprachen ersetzen (z. B. digitaler Kalender, Web-Plattform für die Schulorganisation etc.)
- bedeutet, dass Tür-und-Angel-Gespräche als unzulässige Praxis klar kommuniziert und durchgesetzt werden müssen.

In einem Satz: De-Implementierung erfordert das Ersetzen von Gewohnheiten durch neue Gewohnheiten.

5.3.3 Denkmuster und Selbstverständnis anpassen

Menschen ändern ihr Verhalten nicht ohne Weiteres. So scheitern die meisten Menschen beim dauerhaften Abnehmen, ebenso wie die meisten dabei scheitern, mit dem Rauchen aufzuhören. Menschen, die ihr Verhalten ändern, aber nicht die Denkmuster, die das Verhalten auslösen, werden rückfällig. Ein typisches Denkmuster von übergewichtigen Menschen könnte sein »Mit einer üppigen Mahlzeit tue ich mir etwas Gutes.« Ein typisches Denkmuster von Raucherinnen und Rauchern könnte sein: »Ich bin ein sozialer Mensch und die Zigarettenpause ist die beste Gelegenheit für sozialen Austausch.«.

De-Implementierung bedeutet oft mehr als nur eine Verhaltensänderung; sie erfordert eine Änderung von Denkmustern und des dahinter liegenden Selbstverständnisses. Für die Erklärung von Verhalten kann man folglich zwei Ebenen annehmen, die hinter dem Verhalten liegen. Dies kann wie in Abb. 18 veranschaulicht werden.

> **Beispiel: Analoge Absenzenverwaltung**
> Um das zeitintensive manuelle Dokumentieren und Auswerten von Fehlzeiten von Schülerinnen und Schülern zu vereinfachen, steigen viele

5.3 Wie man sinnlose Dinge dauerhaft los wird

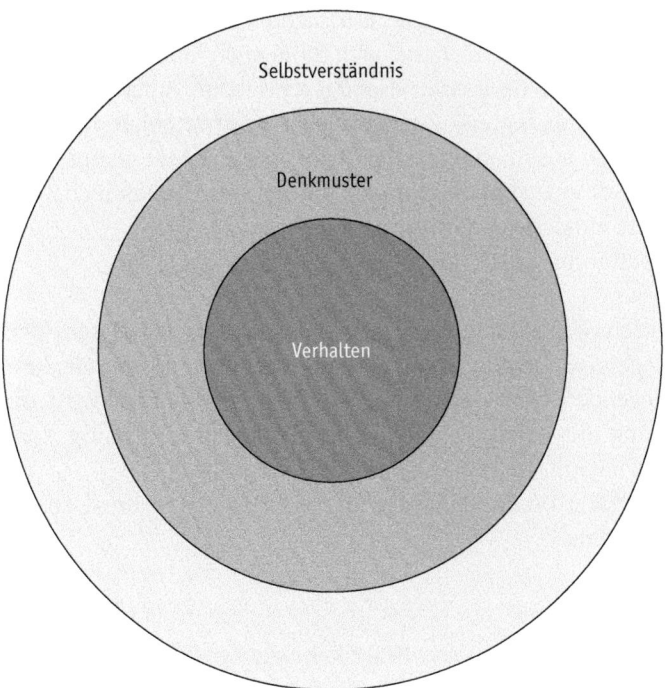

Abb. 18: Kreise der Veränderung

> Schulen auf digitale Apps um, die sowohl die Erfassung als auch die statistische Auswertung vereinfachen und weitgehend zu automatisieren.
> Digitale Tools zur Dokumentation von Verspätungen, Hausaufgaben, Fehlzeiten oder Abwesenheiten werden an unterschiedlichen Schulen mit sehr unterschiedlicher Häufigkeit eingesetzt. Interessant ist dabei, dass der Einsatz stark vom Selbstverständnis der Schulen abhängt: 26 % von Schulen, die sich als digitale Nachzügler-Schulen sehen, setzen entsprechende Tools ein, aber 65 % derer, die sich als digitale Vorreiter-Schulen sehen (Mußmann et al., 2021). An manchen Schulen kehrt man trotz der offensichtlichen Ressourcenersparnis nach einiger Zeit trotzdem wieder zum alten, analogen System zurück.

Verwendet man die Kreise der Veränderung (Abb. 18) als Erklärungsmodell, so lassen sich möglicherweise folgende Inhalte auf den drei Ebenen finden:

- Verhalten: Rückkehr zum analogen System, Dokumentation durch manuelles Eintragen, manuelles Auszählen, Vier-Augen-Prinzip zur Kontrolle

- Denkmuster: »Durch manuelles Eintragen habe ich die Kontrolle und kann die Daten besser überwachen«; »Ich fühle mich mit Papier und Stift wohler als mit digitalen Geräten«; »Handgeschriebene Aufzeichnungen sind sicherer vor unbefugtem Zugriff«; »Ich möchte mich nicht mit neuen Technologien auseinandersetzen, wenn das alte System gut funktioniert«; »Digitale Systeme sind oft komplex und schwer verständlich. Das manuelle System ist einfacher und intuitiver.«
- Selbstverständnis: »Ich bin mehr der analoge Typ.«

Das Verhalten wird zunächst geändert, aber so lange die diesem Verhalten zu Grunde liegenden Denkmuster und das wiederum diesen Denkmustern zu Grunde liegende Selbstverständnis unverändert bleiben, wird die Verhaltensänderung mit hoher Wahrscheinlichkeit nicht nachhaltig, sondern Personen kehren zu ihren alten Gewohnheiten zurück.

In einem Satz: De-Implementierung erfordert manchmal ein geändertes Selbstverständnis.

> **Zusammenfassung**
> Die De-Implementierung von Praktiken setzt voraus, dass dysfunktionale Praktiken identifiziert werden können. Diese Identifikation steht im schulischen Bereich vor besonderen Herausforderungen. Das Kriterium der Wirksamkeit konkurriert mit Kriterien wie »Zeitgemäßheit«, »Modernität« oder »Progressivität«, und Wirkungsnachweise sind aufgrund der Komplexität des pädagogischen Kontextes und der Vielzahl von Einflussfaktoren schwerer zu erbringen als in anderen Bereichen. Dies führt dazu, dass viele pädagogische Entscheidungen eher auf subjektiven Einschätzungen als auf empirischen Beweisen beruhen.
> Entscheidungen bezüglich des Nutzens von Praktiken erfordern zum einen eine sorgfältige Reflexion subjektiver Annahmen anhand von Forschungsbefunden, zum anderen eine Prüfung anhand spezifischer Kontextbedingungen der einzelnen Schule. Menschen neigen dazu, additive Veränderungen zu bevorzugen, indem sie neue Elemente hinzufügen, anstatt bestehende zu entfernen. Dieses Phänomen spiegelt sich auch im Bildungswesen wider, wo oft neue Programme, Ressourcen oder Lehrmethoden eingeführt werden, ohne die Wirksamkeit bereits bestehender Praktiken zu evaluieren oder ineffektive Elemente zu entfernen.
> Das Motel-One-Prinzip demonstriert, wie subtraktive Strategien genutzt werden können, um durch das Weglassen oder Reduzieren von überflüssigen Elementen eine höhere Qualität zu erreichen. Die drei Grundsätze

5.3 Wie man sinnlose Dinge dauerhaft los wird

Subtraktivität, Basierung auf gesicherten Erkenntnissen und kontinuierliche Evaluation können auch auf die Schulentwicklung angewendet werden.

De-Implementierung erfordert klare Intentionen, um dauerhafte Veränderungen zu gewährleisten. Ambivalente Intentionen führen oft zu einem Rückfall in alte Verhaltensmuster. Gewohnheiten sind tief verwurzelt und schwer zu ändern, da sie oft automatisch und unbewusst ablaufen. Um nachhaltige Verhaltensänderungen zu erreichen, müssen neue, gesündere Gewohnheiten bewusst entwickelt und konsistent wiederholt werden. Zudem ist es oft notwendig, Denkmuster und Selbstverständnis zu ändern, um das neue Verhalten dauerhaft zu verankern.

6 Leitfaden zur praktischen Umsetzung

6.1 Allgemeiner Ablauf der De-Implementierung

Ziele und Inhalte
Dieses Kapitel informiert darüber,

- welche Schritte eine De-Implementierung umfasst,
- wie man SMART-Ziele formuliert,
- wie man mit dem RAST-Schema den eigenen Ideenhorizont erweitert,
- an welchen Stellen es zu Stolpersteinen oder Hürden kommen kann,
- wie man die Evaluation vorbereitet.

Wer im Bereich der Gesundheit von Lehrerinnen und Lehrern tätig ist, muss sich früher oder später dem Vorwurf stellen, dass Interventionen, die auf der rein individuellen Ebene ansetzen, die beruflichen Herausforderungen zu einem Problem des Einzelnen degradieren. Einwände geben zu bedenken, dass Verhaltens- statt Verhältnismanagement betrieben würde (Tab. 4) und Lehrkräfte im Rahmen von Fortbildungen zum Umgang mit Stress, Supervisionen und Fallberatungsgruppen letztendlich nur selbst in die Pflicht genommen würden, sich zu ändern, anstatt an zentraler Stelle die schwiegen Arbeitsbedingungen in den Blick zu nehmen. Damit würden letztendlich nur Symptome »behandelt«, ohne ihre Ursachen anzugehen.

Tab. 4: Verhaltens- vs. Verhältnismanagement (nach Heyse, 2011)

Verhaltensmanagement	Verhältnismanagement
Ziel: Person – Aktivierung eigener Ressourcen • Stresspräventionstraining • Fortbildung zum Classroom Management • Supervision/Coaching • Kollegiale Fallberatung • Zeitmanagement • …	Ziel: Rahmenbedingungen des Arbeitsumfelds (Schule, Schulsystem) – Reduktion von Belastungen • Klassengröße • Arbeitszeit • technische Ausstattung • verpflichtende Teilnahme an Projekten • Vertretungen • …

Sofern die Angebote sich nur auf den Bereich der regenerativen Stresskompetenzen (Kaluza, 2015), wie Entspannung oder Erholung beschränken, mag dieser Einwand durchaus berechtigt sein. Nimmt man instrumentelle und mentale Stresskompetenzen (ebd.) in den Blick, dann wird schnell deutlich, dass Verhaltens- und Verhältnismanagement in vielen Fällen nur gemeinsam betrachtet werden können (Heyse, 2011). Wenn psychologische Mechanismen uns daran hindern, die De-Implementierung bei unserer täglichen Arbeit kontinuierlich mitzudenken bzw. uns dazu bringen, an dysfunktionalen Tätigkeiten festzuhalten, dann läuft eine Verbesserung der Arbeitsbedingungen ins Leere. Jede strukturelle Veränderung erfordert auch eine Anpassung des Verhaltens. Welche psychologischen Hürden es dabei zu bewältigen gilt, kann Kapitel 4 (▶ Kap. 4) entnommen werden.

Bei der großen Heterogenität der (Sub-)Kulturen, in denen wir uns im schulischen Bereich bewegen, können an dieser Stelle keine Musterlösungen zur De-Implementierung geliefert werden. Wir bewegen uns in den Schulsystemen unterschiedlicher Bundesländer, an unterschiedlichen Schularten, an Schulen in sehr unterschiedlicher Größe und mit z.T. grundsätzlich anderen Voraussetzungen bezüglich der Schülerinnen und Schüler, der Eltern, aber auch der Personalversorgung. Ein De-Implementierungsprozess läuft immer in einem einmaligen Rahmen ab – bezogen auf eine Einzelperson oder eine konkrete Schule mit ihren Bedingungen. Abhängig von der Ebene, auf der De-Implementierung stattfindet und davon, wie viele Personen von den Veränderungen betroffen sind, unterscheiden sich die Prozesse auch z.B. in ihrer Komplexität, dem Ideenreichtum bei der Suche nach konkreten De-Implementierungsfeldern und der Zeitspanne bis zu einer sinnvollen Umsetzung erster Schritte. Am Ende steht jedoch immer die Änderung von Verhaltensweisen jeder oder jedes Einzelnen in ihrem oder seinem Alltag.

Nach der Darstellung grundlegender Prinzipien, die jede Form von De-Implementierung begleiten (in diesem Kapitel), wird im Folgenden zunächst die De-Implementierung als institutioneller, strukturierter Schulentwicklungsprozess beschrieben, der vorwiegend Schulleitungen und Schulleitungsteams adressiert (▶ Kap 6.2). Anschließend wird der individuelle Prozess zum selbstständigen, eigenverantwortlichen und vor allem unabhängigen »Entrümpeln« aller Tätigkeiten für Einzelpersonen oder Gruppen von Kolleginnen und Kollegen (Schwerpunkt Lehrkräfte) in den Blick genommen (▶ Kap. 6.3).

In diesem Leitfaden schlagen wir 6 Schritte für den Prozess der De-Implementierung vor:

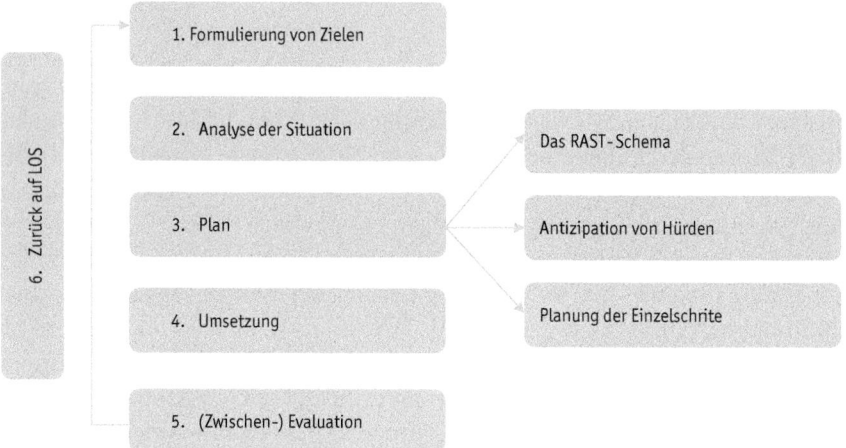

Abb. 19: Ablaufschema zur De-Implementierung

6.1.1 Ziele oder das »Warum«

Den ersten Schritt im Rahmen eines De-Implementierungsprozesses markiert immer die Frage nach dem »Warum«. Unser »Warum« führt direkt zu den Zielen, die wir mit der Aufnahme des Prozesses verfolgen möchten und die uns, gut dokumentiert, im gesamten Ablauf Orientierung geben. Gleichzeitig legitimieren diese Ziele auch den Einsatz der Ressourcen, die zur Durchführung nötig sind.

Je nach Anwendungsbereich ist die Formulierung von SMART-Zielen schon an dieser Stelle, spätestens jedoch bei der Entwicklung des konkreten Prozessplans, ein wichtiger Schritt. Sie liefern durch ihre Mess- und Überprüfbarkeit grundlegende Evaluationsmöglichkeiten.

> **Infobox: SMART-Ziele**
>
> Das Konzept der SMART-Ziele geht auf den Managementforscher Peter Drucker (1977) zurück. Dabei steht das Akronym für *spezifisch* (**s**pecific), *messbar* (**m**easurable), *erreichbar* (**a**chievable), *relevant* (**r**elevant) und *zeitgebunden* (**t**ime-bound). Grant und Dweck (2003) konnten in einer Studie zeigen, dass die Fähigkeit, realistische und erreichbare Ziele zu setzen, eng mit dem Erfolg bei der Zielerreichung verbunden ist. Die Formulierung von SMART-Zielen liefert dafür eine klare Struktur:
>
> **Spezifische** Ziele legen klar fest, was erreicht werden soll und welche Handlungen erforderlich sind, um dieses Ziel zu erreichen. Zum Beispiel könnte ein spezifisches Ziel darin bestehen, jede Woche Arbeitszeit durch die Beseitigung unnötiger Aufgaben einzusparen, um sie in wirkungsvolle Tätigkeiten investieren zu können.
>
> Ein **messbares** Ziel ermöglicht die Bewertung des Fortschritts und den Erfolg der Zielerreichung. Durch die Festlegung von quantifizierbaren Kriterien können Fortschritte objektiv beurteilt werden. Ein Beispiel für ein messbares Ziel wäre: »Reduktion der aufgewendeten Korrekturzeit von 6 auf 4 Stunden pro Woche.«
>
> **Erreichbare** Ziele sollten herausfordernd sein, aber dennoch realistisch und machbar innerhalb der gegebenen Ressourcen und des Zeitrahmens. Es ist wichtig sicherzustellen, dass die gesteckten Ziele nicht demotivierend wirken. Ein erreichbares Ziel könnte lauten: »Die Zufriedenheit auf einer Skala von 1–10 soll sich innerhalb von 4 Wochen im Durchschnitt um 2 Punkte verbessern.«
>
> **Relevant** bedeutet, dass die Ziele mit den übergeordneten Werten einer Person oder Organisation verbunden sind. Sie tragen dazu bei, das Engagement und die Motivation zu erhöhen, da sie einen klaren Zweck und Nutzen haben. Ein Beispiel für ein relevantes Ziel wäre: »Reine Korrekturen durch Kommentare ersetzen, da diese nachweislich einen besseren Effekt auf Lernprozesse haben.«
>
> Durch **zeitgebundene** Ziele werden klare Fristen für die Zielerreichung gesetzt. Dies hilft, den Fokus zu schärfen und Prokrastination zu vermeiden. Ein zeitgebundenes Ziel könnte sein: »Tägliche Dokumentation der Tätigkeiten ab dem nächsten Montag über einen Zeitraum von zwei Wochen.«

Zu diesem frühen Zeitpunkt im Ablauf können und sollten ebenso bereits erste Wünsche zum Einsatz der gewonnenen Ressourcen in die Zielformulierung integriert werden. Dabei kann grundsätzlich mehr Freizeit im Sinne einer

Reduktion von Überstunden in den Blick genommen werden, aber auch die Reinvestition der Zeit in Dinge, die wirkungsvoller sind (Bsp.: Kommentierungen statt Korrekturen, ▶ Kap. 4.2). Konkretisiert wird diese Reinvestition u. U. auch erst bei der Planung der Einzelschritte im Rahmen des Prozessplans. Dies ist vor allem dann nötig, wenn die Transformation bestimmter Tätigkeiten zu einer Implementierung effektiverer oder effizienterer Prozesse führt, die, zumindest mittelfristig, gewonnene Ressourcen bindet.

6.1.2 Analyse der Situation

Im zweiten Schritt des Prozesses geht es zunächst um eine reine Bestandsaufnahme. Mit unterschiedlichen Methoden wird hier das berufliche Tätigkeitsfeld der einzelnen Lehrkräfte bzw. der an einer ganzen Schule Beschäftigten möglichst detailliert erfasst, um dann potenziell geeignete De-Implementierungsfelder ermitteln zu können.

> **Infobox: Die Plus-Minus-Null-Regel (Hillert et al., 2011)**
> Hillert und seine Kolleginnen und Kollegen bieten in ihrem Stresspräventionsprogramm »AGIL – Arbeit und Gesundheit im Lehrerberuf« die Plus-Minus-Null-Regel als lösungsorientierten Ansatz des Zeitmanagements an. Dabei geht es im Wesentlichen darum aufzuzeigen, dass eine Lebenswoche völlig unverhandelbar 168 Stunden zur Verfügung stellt. Für jede zusätzlich übernommene Tätigkeit muss demnach an anderer Stelle eingespart werden. Die Übernahme neuer Aufgaben – egal ob freiwillig oder nicht – resultiert deshalb immer in Zeiteinbußen in einem anderen Bereich, d. h. andere Dinge müssen schneller (effizienter, weniger genau, weniger umfangreich) erledigt oder es muss ganz darauf verzichtet werden. Da die 168 Stunden die komplette Lebenszeit umfassen, kann sich eine zusätzliche berufliche Tätigkeit auch zu einer Reduktion einer privaten führen oder umgekehrt.

An dieser Stelle stehen bereits erste Überlegungen im Sinne von Chestertons Zaun (▶ Kap. 5.1.1). Wer wäre von einer Veränderung in diesem Bereich betroffen? Welche zusätzlichen Informationen sind nötig, um eventuelle Auswirkungen in der Zukunft vorhersehen zu können?

Stellen Sie sich im schulischen Rahmen ein jährlich durchgeführtes Projekt vor, das sich nach einer Evaluation für Schülerinnen und Schüler als mäßig effektiv erweist. Es bindet viele Ressourcen einer Lehrergruppe, die sich zur

Vorbereitung mehrmals im Jahr trifft. Bei einem Blick »Hinter die Kulissen« in Gesprächen mit Einzelnen stellt sich heraus, dass diese Treffen hauptsächlich zum kollegialen Austausch über problematische Schüler genutzt werden. Die Lehrkräfte empfinden diese »Teamwork« als stärkend und bereichernd. Das ersatzlose Streichen des Projekts würde demnach zu einem Beenden der Austauschtreffen führen und damit entfiele eine nicht zu unterschätzende Stressbewältigungsquelle für mehrere Kolleginnen und Kollegen. Die Kenntnis dieser Hintergründe würde hier ermöglichen, den Lehrkräften eine alternative Gelegenheit zum Austausch (z. B. angeleitete kollegiale Fallberatung) anzubieten, dabei aber trotzdem Ressourcen einzusparen, da das Projekt auch für andere Beteiligte nicht länger in seiner »Alibi-Funktion« Bestand haben müsste.

Am Ende der Situationsanalyse steht die Entscheidung: In welchem Bereich/in welchen Bereichen soll De-Implementierung stattfinden? Worin steckt – allen Überlegungen zufolge – das größte Potential zur Gewinnung von Ressourcen unter bestmöglichem Kosten-Nutzen-Verhältnis?

6.1.3 Der Prozessplan

Anwendung des RAST-Schemas

Sobald die grundlegende Entscheidung bezüglich der zu entrümpelnden Bereiche getroffen ist, wird konkretisiert: Welche Tätigkeit oder welches Projekt soll in den Blick genommen werden? Welche Art von De-Implementierung scheint an dieser Stelle sinnvoll?

Zur Veranschaulichung der Anwendung des in Kapitel 3.4 (▶ Kap. 3.4) dargestellten RAST-Schemas kann man an das Beispiel der zu einem großen Teil ineffizienten Korrekturen anknüpfen (▶ Kap. 4.2). Ein konkreter De-Implementierungsplan zur Korrektur der Hausaufgaben im Fach Mathematik könnte folgende Strategien verfolgen:

Auf der institutionellen Ebene bietet sich als Beispiel die z. T. inflationäre Durchführung unterschiedlicher, in großen Teilen redundanter Schulprojekte an. Programme aus den Bereichen der sozial-emotionalen Entwicklung und Identitätsbildung, der Sucht- und Gewaltprävention basieren häufig auf sehr ähnlichen Prinzipien. Lehrkräfte werden hierzu als Multiplikatorinnen und Multiplikatoren, als Trainerinnen und Trainer ausgebildet, arbeiten sich in entsprechende Übungen ein und führen sie in ihren oder den Klassen ihrer Schulen durch. Nach anfänglicher Euphorie und großer Motivation verläuft vieles davon nach kurzer Zeit im Sande (Schlee, 2014). Wochenmottos werden

6 Leitfaden zur praktischen Umsetzung

Reduzieren	**A**ustauschen
= in Häufigkeit einschränken	= durch eine effizientere oder effektivere Methode/Tätigkeit ersetzen
z. B. nur jede zweite Hausaufgabe korrigieren	z. B. Feedback zu den Bereichen geben, die verbessert werden müssen („Kontrolliere die Anwendung der Punkt-vor-Strich-Regel.")
Stoppen	**T**ransformieren
= ersatzlos streichen	= überarbeiten, damit Methode/Tätigkeit effizienter wird
z. B. Hausaufgaben gar nicht mehr kontrollieren	z. B. Korrekturschablonen erstellen

Abb. 20: Anwendung des RAST-Schemas im Rahmen der Korrektur von Mathematikhausaufgaben

weitergeführt und an Tafeln oder auf Wochenplänen »ausgestellt«, ohne sie jemals in den Klassen zu thematisieren, aktuelle und drängende Disziplinprobleme in den Klassen führen zur einem schwelenden Gefühl des schlechten Gewissens im Dunst der Erinnerung (»Hatten wir da nicht mal...?«, »Da müssten wir mal wieder...«, »Wer könnte denn noch...?«). Dazu kommt, dass vielen dieser Programme eine Evaluationsbasis fehlt und das hohe Maß an aufgewendeten Ressourcen mit einem »Das klingt doch recht gut!« gerechtfertigt wird.

Hier wäre es sinnvoller, sich auf ein (nachweislich wirksames) universelles Programm zu beschränken, dabei an einem Strang zu ziehen und damit Schülerinnen und Schülern, Lehrkräften und Eltern Orientierung zu bieten. Im »RAST«-Schema ließe sich dieses Beispiel wie in Abb. 21 abbilden.

Antizipation von Hürden

Die Konfrontation mit Hürden ist im Zusammenhang mit Veränderung oder Loslassen unumgänglich. Sowohl im Rahmen der Schulentwicklung als auch bei der Entwicklung eines individuellen Plans sollte man sich deshalb auf alle vorhersehbaren Stolpersteine und Widerstände im Innen und Außen vorbereiten. Dazu ist es hilfreich, sich sowohl mit den eigenen Intentionen, Denk-

Reduzieren = in Häufigkeit einschränken z. B. alle Schulprogramme und -projekte sichten und sich auf ein evaluiertes, universelles beschränken, das für verschiedene Themen relevant ist	**A**ustauschen = durch eine effizientere oder effektivere Methode/Tätigkeit ersetzen z. B. alle bestehenden Schulprogramme streichen und ein neues, nachweislich wirksames einführen, das Elemente enthält, die für verschiedene Themen einsetzbar sind
Stoppen = ersatzlos streichen z. B. den Einsatz aller Programme und Projekte stoppen	**T**ransformieren = überarbeiten, damit Methode/ Tätigkeit effzienter wird z. B. einen Überblick zu allen Schulprogrammen und -projekten erstellen, ihre Wirksamkeit überprüfen, Einsatzmöglichkeiten übersichtlich darstellen und Ansprechpartner benennen, damit Lehrkräfte unproblematisch Zugang bekommen

Abb. 21: Anwendung des RAST-Schemas im Rahmen der Schulentwicklung

mustern und Annahmen (▶ Kap. 6.3) als auch mit Motiven und Befindlichkeiten anderer auseinandersetzen. Dabei gilt es, nicht in die Rolle der pessimistischen Bedenkenträgerin oder des pessimistischen Bedenkenträgers zu fallen, sondern durch gute Vorbereitung auf Gegenwind zuversichtlich und motiviert zu bleiben.

Gerade bei der institutionellen De-Implementierung sind an dieser Stelle Gespräche mit vom Thema Betroffenen unabdingbar.

Planung der Einzelschritte – Vorbereitung der Evaluation

Zunächst steht zur Planung der Einzelschritte der konkrete Aspekt der De-Implementierung im Fokus: Als Beispiel lässt sich hier – auf individueller Ebene – die Reduktion der Ressourcen zur Bearbeitung von E-Mails anführen. Die Entscheidung zur »Transformation« der Tätigkeit wurde bereits bei Auseinandersetzung mit dem RAST-Schema getroffen.

Konkretisiert werden kann das Vorhaben folgendermaßen:

Zur Bearbeitung und Beantwortung von E-Mails werden jeweils am Ende jedes Arbeitstags 30 Minuten reserviert. Dadurch werden Ressourcen gespart, die bisher in das wiederkehrende Überprüfen des Postfachs und die Ablenkung von den eigentlich verfolgten Tätigkeiten fließen. Die Reihenfolge der Beantwortung erfolgt nach Dringlichkeit. Mit der Beantwortung von Mails verbundene Tätigkeiten, die nach 30 Minuten nicht erledigt sind, werden neu terminiert.

Anschließend gilt es, den Startpunkt für die Änderung in den Abläufen festzulegen und – sofern im Rahmen der Schulentwicklung ein Team an der Planung arbeitet – auch die Verantwortlichkeit dafür zu bestimmen. Die Planungen zum zeitlichen Rahmen sollen Zeitpunkte zur Zwischen- und zur Abschlussevaluation vorsehen. Hierbei ist es essentiell, die Evaluation bereits vorzubereiten. Was sind die Erfolgskriterien? Wie soll Erfolg messbar gemacht werden? Braucht es dazu noch Vergleichsdaten vor der Intervention (Befragungen, Zeitmessungen...)? Konkretisiert werden diese Aspekte in Schritt 5 (▶ Kap. 6.1.5).

Vorbereitend auf die Umsetzung sind u. U. auch noch Informationen an von der Umstellung Betroffene nötig (z. B. Information über neue, evtl. eingeschränkte Erreichbarkeit, neue Programme, andere Arten der Korrektur). Auch hier lassen sich Widerstände bereits im Vorfeld abbauen, sofern Veränderungen bereits im Vorfeld transparent und nachvollziehbar angekündigt und begründet werden.

Den Abschluss der Planerstellung setzt die Entscheidung und Dokumentation zur Nutzung der gewonnenen Ressourcen. An dieser Stelle sollte – passend zur Zielformulierung aus Punkt 1 – möglichst konkret festgelegt werden, in welche Bereiche im Anschluss an den Planungszyklus (re-)investiert werden soll.

> **Info-Box: Das Gesetz von Parkinson (Parkinson, 1955)**
> »Parkinson's Law« wurde vom britschen Historiker C. Northcote Parkinson formuliert und lautet »Arbeit dehnt sich in genau dem Maß aus, wie Zeit für ihre Erledigung zur Verfügung steht.« Unabhängig von der objektiven Komplexität verwenden wir demnach umso mehr Zeit für eine Aufgabe, je mehr für ihre Erledigung zur Verfügung steht. Eine möglichst konkrete Einplanung gewonnener Zeit aus diesem Grunde elementar, damit die Ressourcen auch zielgerichtet reinvestiert werden

6.1.4 Umsetzung der De-Implementierung

So komplex alle Vorbereitungen bis zum Start des Prozesses wirken, so unspektakulär ist der Prozess als solcher. In diesem Schritt geht es um die möglichst konsequente Umsetzung des Prozessplans – mindestens bis zur Zwischenevaluation. Hier ist es sehr wichtig, den Dingen Zeit zu geben, zur Routine zu werden, nicht jede Phase unmittelbar zu bewerten und nicht jede Kritik als Zeichen des möglichen Scheiterns zu sehen. Jede Umstellung kostet zunächst Kraft. Hilfreich ist eine sorgfältige Dokumentation aller Überlegungen, Ziele und Motive, um in Momenten des Zweifels konsequent bleiben zu können. Die (Zwischen-)Evaluation bietet an sinnvollen Punkten Möglichkeiten zur Anpassung und zum Drehen von Stellschrauben.

Selbstverständlich sollte trotzdem sein, den Prozess nicht zu jedem Preis fortzuführen. Sollte absehbar sein, dass die Kollateralschäden zu groß werden, weil bestimmte Auswirkungen oder Dynamiken nicht vorherzusehen waren, muss die Zwischenevaluation vorgezogen und der Prozessplan ggf. verändert oder gestoppt werden.

6.1.5 (Zwischen-)Evaluation

Letztendlich beruht der komplette Prozess der De-Implementierung auf gut gestützten Hypothesen im Sinne von »Wenn wir diese oder jene Abläufe/Projekte/Programme stoppen/ändern/reduzieren, werden wir bei mindestens gleichbleibender Qualität Zeit/Ressourcen für das gewinnen, das wir uns als Ziel gesetzt haben«. Eine Überprüfung dieser Hypothesen ist unabdingbar, sonst droht die Gefahr des gegenteiligen Effekts: Der Mehraufwand führt aufgrund fehler- oder lückenhafter Vorannahmen zu weniger Erfolg.

Die Evaluation muss folgende drei Ebenen berücksichtigen:

- Ebene der Ressourcen: Werden wirklich (zumindest langfristig) Ressourcen gespart, die auch die Investition in den Prozess und alle damit verbundenen Absprachen rechtfertigen? Oder wurde die De-Implementierung zu einem weiteren Ladenhüter auf der Resterampe der Projekte?
- Ebene der Qualitätssicherung: Ist die Qualität der Arbeitsergebnisse in allen von der Umstellung betroffenen Bereichen mindestens gleichbleibend?
- Ebene der Ziele: Wurden die gewonnenen Ressourcen in die Ziele investiert? Oder wurden dafür zumindest Vorbereitungen getroffen?

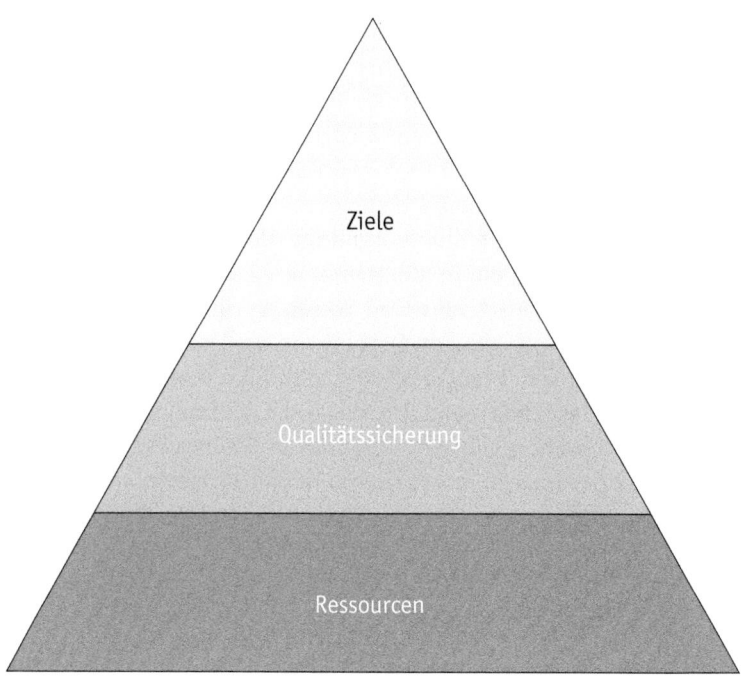

Abb. 22: Evaluationsebenen der De-Implementierung

Um die Veränderungen in diesen Bereichen wirklich beurteilen zu können, bedarf es einer Operationalisierung der Einzelaspekte. Die verschiedenen Ebenen müssen in möglichst gut messbare Teilziele übersetzt werden. Beispiele hierfür finden sich in den entsprechenden Abschnitten zur Durchführung auf institutioneller oder individueller Ebene.

Die Erhebung der Daten (Dokumentation aufgewendeter Zeit, Befragung ...) ist zur Evaluation aber natürlich nur dann wirklich aussagekräftig, wenn sie zu mindestens zwei Zeitpunkten erfolgt: Einmal vor Beginn der Intervention und einmal nach der Durchführung. Nur in diesem Fall ist der Vorher-Nachher-Effekt klar bestimmbar und basiert nicht auf subjektiven Eindrücken, wie »Ich habe schon das Gefühl, dass ...«. Empfehlenswert ist – gerade bei größeren Interventionen, bei denen die Veränderungsprozesse viele Ressourcen binden – einen Termin zur Zwischenevaluation zu setzen. Sollte sich hier abzeichnen, dass die Intervention nicht den erwünschten Effekt bringen wird, ist ein direkter Sprung in den folgenden Schritt des Prozesses in Erwägung zu ziehen.

6.1.6 Zurück auf Los!

Im letzten Prozessschritt wird Resümee gezogen: Was hat die Evaluation ergeben? War die Intervention sinnvoll und wirksam? Müssen noch Stellschrauben gedreht werden? Muss dann möglicherweise in ein völlig anderes De-Implementationsfeld gewechselt werden, weil sich die Hypothesen nicht bestätigen ließen? Sollte die Veränderung rückgängig gemacht werden, weil sie z. B. zu schlechteren Arbeitsergebnissen geführt hat? Möchte ich/möchten wir nach erfolgreicher Umsetzung in diesem Bereich einen weiteren de-implementieren?

Wichtig ist hierbei: Sackgassen sind keine Einbahnstraßen. Es besteht immer die Möglichkeit, sich einen neuen Weg zu suchen, und jeder durchlaufene Prozess – ob mit gewünschter Wirkung oder ohne – gibt die Chance zum Gewinn wichtiger Informationen über sich selbst und/oder die Institution und ist damit auch immer ein Erfolg.

> **Zusammenfassung**
> In diesem Kapitel wurde der grundsätzliche Ablauf einer De-Implementierung im schulischen System vorgestellt. Nach der Formulierung der Ziele für den Prozess wurde im Rahmen der Prozessplanung das RAST-Schema (Reduzieren, Austauschen, Stoppen, Transformieren) beschrieben, das die Arten möglicher Interventionen zur Veränderung aufzeigt. Als weitere Punkte vor der eigentlichen Durchführung wurden die Antizipation von Hürden und die Detailplanung der Einzelschritte erklärt. Diese umfasst neben der Konkretisierung der Interventionsschritte eine erste strukturierte Datenerhebung zur Ermittlung der »Vorher«-Situation für die spätere Evaluation. »Zurück auf Los!« stand sinnbildlich für den ersten Abschluss des Prozesses als Einordnung der erhobenen Daten und Entscheidung für die Schritte zur Weiterarbeit mit der Wiederholung der Abläufe.
>
> In den folgenden beiden Abschnitten finden sich die konkretisierten Konzepte für die De-Implementierung getrennt für die institutionelle Anwendung im Rahmen eines Schulentwicklungsprozesses (▶ Kap. 6.2) und für die individuelle Anwendung durch Einzelpersonen (ggf. auch im Austausch mit einer Gruppe aus Kolleginnen und Kollegen; ▶ Kap. 6.3).

6.2 Ablauf der De-Implementierung auf institutioneller (Schul-)Ebene

> **Ziele und Inhalte**
> Dieses Kapitel informiert über die Umsetzung der De-Implementierung im Rahmen der Schulentwicklung.
> Es beschreibt insbesondere
>
> • wie man ein für die Zielformulierung, Planung und Evaluation geeignetes Team zusammenstellen kann und wie und die stringente Leitung von Teamsitzungen gelingen kann,
> • wie das Prozessteam nach der Formulierung eines Fokus-Zieles die Situation vor Ort unter Zuhilfenahme unterschiedlicher Methoden analysieren und dabei die Bereiche ermitteln kann, die die größten De-Implementierungsmöglichkeiten bieten,
> • wie die Anwendung des RAST-Schemas dabei unterstützen kann, konkrete Ideen für einzelne Schritte der De-Implementierung zu entwickeln und diese in zur späteren Evaluation nutzbare SMART-Ziele zu übersetzen,
> • wie Evaluation gelingt.

6.2.1 Legitimation, Team und Ziele

> »Es ist entscheidend, dass die höchsten Führungsebenen innerhalb der Schule oder des Systems ihren Teams nicht nur eine ausdrückliche **Erlaubnis**, sondern auch einen **Auftrag** erteilen, sich auf die De-Implementierung zu konzentrieren...« (Hamilton et al. 2023, S. 67, übersetzt).

Die in Kapitel 4.2 (▶ Kap. 4.2) beschriebenen Aspekte, die das Aufrechterhalten dysfunktionaler, ineffektiver und/oder ineffizienter Tätigkeiten fördern, können zu ausgeprägten Gefühlen von Scham und Schuld führen. Der soziale Konformitätsdruck führt dazu, dass sich Lehrkräfte u. U. unzulänglich fühlen, wenn sie in ihrer Schule übliche Standards nicht aufrechterhalten. Ebenso können negative Emotionen alleine durch die Gedanken an ablehnende Reaktionen von Vorgesetzten, Kolleginnen und Kollegen, Schülerinnen und Schülern oder Eltern ausgelöst werden:

> »Manchmal geht es einfach nur um die Scham. Lehrkräfte wissen in ihrem Innersten meist, dass die verschiedenen Berichte und Checklisten, die sie ausfüllen, in keiner

6.2 Ablauf der De-Implementierung auf institutioneller (Schul-)Ebene

Weise Einfluss auf die Leistungen der Schülerinnen und Schüler haben. Aber oft glauben sie, dass sie nicht aufhören dürfen. Dass es eine Anweisung »von oben« gibt, die sie dazu verpflichtet, diese Daten zu sammeln, diese Kästchen anzukreuzen, diese Hürden zu nehmen, diese i-Punkte zu setzen und diese t-Striche zu ziehen. Manchmal sind diese Anweisungen real, aber manchmal sind sie auch imaginär oder zumindest teilweise imaginär und werden dann übermäßig kompliziert, da jeder Beteiligte in der Entscheidungskette zusätzliche Bedarfe hinzufügt, bevor die zunehmend überkomplizierte Forderung an die Basis weitergegeben wird« (Hamilton et al. 2023, S. 67, übersetzt).

Am Anfang jedes De-Implementierungsprozesses stehen

1. die Reflexion von Voraussetzungen durch die Schulleitung: Welche Standards für Qualität und Leistung liegen vor? Wie werden diese Standards kommuniziert? Welche Anreize ergeben sich für Lehrerinnen und Lehrer aus diesen Standards? (Anhang)
2. die von Seiten der Schulleitung klar und transparent erteilte Legitimation zur De-Implementierung.

In einzelnen Fällen ist hierbei eventuell auch der Einbezug der nächsthöheren Ebene (Dienstaufsicht) sinnvoll. Informationen zum Konzept mit seinen wesentlichen Hintergründen können z. B. im Rahmen einer Konferenz mit dem gesamten Kollegium geteilt werden. Dabei sollten auch die Möglichkeiten zur Mitarbeit in Aussicht gestellt werden – im Prozessteam, im Rahmen von Interviews oder Fokusgruppen. Wichtig ist dabei die Betonung, dass es nicht ausschließlich um die Reduktion von Tätigkeiten, sondern um Zeit für (nachweislich) wichtige Dinge geht (besser weniger – weniger besser).

Bei der Bildung des Prozessteams sind mehrere Aspekte (möglicherweise auch gegeneinander) abzuwägen:

- Die zu einem großen Teil kreative und innovative Auseinandersetzung beim Suchen und Finden neuer Wege und Möglichkeiten verlangt eine grundsätzliche Offenheit, im Idealfall Begeisterungsfähigkeit für die Idee der De-Implementierung. Eine »Zwangszuweisung« in das Prozessteam scheint deshalb wenig sinnvoll, die Teilnahme sollte auf jeden Fall auf Freiwilligkeit beruhen.
- Noch stärker legitimiert wird die De-Implementierung, wenn sie zur »Chefsache« gemacht wird. Vertreterinnen und Vertreter der Schulleitung sollten deshalb auch als Mitglieder des Prozessteams ihre volle Unterstützung signalisieren und sind dabei auch bei grundsätzlichen Überlegungen unmittelbare Ansprechpartner. Sinnvoll wäre es auch, Interessensvertreter aller Ebenen, d. h. auch Abteilungsleiterinnen und

Abteilungsleiter, Fachgruppenleiterinnen und Fachgruppenleiter, Fachbetreuerinnen und -betreuer, Lehrkräfte und (je nach Thema in einzelnen Phasen) u. U. sogar Schülersprecherinnen und Schülersprecher mit in die Prozessteams aufzunehmen. Zu bedenken dabei ist, dass eine hierarchieübergreifende Mischung an Mitgliedern auch zu Hemmungen in der Zusammenarbeit führen kann, z.B. wenn Abhängigkeiten durch Beurteilungsmechanismen eine Rolle spielen.

- Mit der Gruppengröße steigt die Gefahr, dass sich die Gruppe selbst blockiert. Die Anzahl der Gruppenmitglieder sollte möglichst niedrig gehalten werden (vgl. Becker, 2016).

Exkurs: Die Leitung effizienter Teamsitzungen
Gerade im Bereich der Schulentwicklung nimmt die De-Implementierung zunächst einen Platz in der Reihe der Vielzahl an vorhandenen Projekten ein. Bevor es an die konkrete Umsetzung geht, bedarf es bereits einiger Teamsitzungen, die zusätzliche Zeit binden. Umso wichtiger ist es, auch an dieser Stelle von Beginn an die Grundsätze des Konzepts zu berücksichtigen und auf maximal mögliche Effektivität und Effizienz im Ablauf zu achten. Ein besonderes Augenmerk liegt dabei auf der Teamleitung, durch die der Erfolg des ganzen Teams positiv beeinflusst werden kann (Burke et al., 2006). Die Förderung von *Vertrauen und Offenheit* durch Führungskräfte führt zu einem Glauben an »Teamsicherheit« und vermittelt damit das Gefühl, Risiken eingehen zu können und Fehler machen zu dürfen, ohne negative Konsequenzen fürchten zu müssen. Dadurch erhöht sich die Lern-, aber auch die Leistungsfähigkeit des Teams (Edmondson, 1999).

Klare Ziele und sorgfältige Planung sind entscheidend für den Erfolg eines Teams. Laut der Goal-Setting-Theory von Locke und Latham (2002) führt das Setzen spezifischer und herausfordernder Ziele zu höherer Leistung. Eine effektive Teamleitung sorgt dafür, dass die *Ziele des Teams klar definiert*, realistisch und messbar sind (vgl. SMART-Ziele, ▶ Kap. 6.1.1). Zudem ist es wichtig, regelmäßig den Fortschritt zu überprüfen und die Ziele bei Bedarf anzupassen.

Zu beachten ist dieser Grundsatz auch bei der Vorbereitung jeder einzelnen Teamsitzung. Bereits *im Vorfeld* sollten *klare Ziele und Agenda-Punkte festgelegt* werden, um die Sitzung produktiv und fokussiert gestalten zu können (Gerwick, 2013).

Zu Beginn jeder Sitzung sollte der *Ist-Stand bezüglich der Vereinbarungen* aus der letzten Sitzung abgefragt werden. Hier zeigt sich die Notwendigkeit einer möglichst *klaren Verteilung von Zuständigkeiten*, um Verantwortungsdiffusionen (▶ Kap. 4.1.3) zu verhindern. Durch diesen Schritt ergibt sich automatisch ein Einbezug und eine *Aktivierung aller Teammitglieder*, sofern jedes einzelne Mitglied seinen Kurzbericht abgibt. Dieser Kurzreport schafft in jeder einzelnen Teamsitzung Transparenz bezüglich des Engagements einzelner Mitglieder und beugt damit der Gefahr des »Trittbrettfahrens« vor, einem Phänomen, das zu einem Motivationsverlust des ganzen Teams führen kann (Ruël et al., 2003; vgl. Infobox »Soziales Faulenzen, Trittbrettfahren und der Gimpeleffekt«).

Folglich sollten am Ende jeder Sitzung die wichtigsten Punkte zusammengefasst und ein *Maßnahmenplan* für die Umsetzung mit den jeweiligen Verantwortlichkeiten erstellt werden. Dies hilft, sicherzustellen, dass die Besprechung zu konkreten Ergebnissen führt.

Während der Meetings muss die Leitung darauf achten, dass die *Zeit effizient genutzt* wird. Hilfreich dabei ist – bei aller Flexibilität –, möglichst nah an der Agenda zu bleiben, die Punkte der Reihen nach abzuhandeln und Abschweifungen freundlich, aber bestimmt zu unterbinden, sofern sie nicht in direktem Zusammenhang mit dem aktuellen Punkt der Tagesordnung stehen. Sollten diese Punkte trotzdem relevant erscheinen, so können sie notiert und für einen nächsten Besprechungstermin eingeplant werden.

Eine *transparente Informationsweitergabe* steigert die Teamleistung, den Zusammenhalt im Team, die Entscheidungszufriedenheit und die Wissensintegration (Mesmer-Magnus & DeChurch, 2009). Damit wird zudem sichergestellt, dass die einzelnen Mitglieder auf dem gleichen Wissensstand sind. So wird Missverständnissen vorgebeugt.

Infobox: Soziales Faulenzen, soziales Trittbrettfahren und der Gimpel-Effekt

Das Konzept des *sozialen Faulenzens* (social loafing) geht auf ein Experiment von Max Ringelmann im Jahr 1913 zurück. Er konnte nachweisen, dass Einzelpersonen beim Tauziehen weniger Kraft aufwenden, wenn sie Teil einer Gruppe sind. »Social loafing« beschreibt also die größtenteils unbewusste Tendenz, die eigene Leistung innerhalb der Gruppe zu reduzieren. Für diesen Effekt gibt es verschiedene Erklärungsansätze, darunter z. B. die Annahme eines Motivationsverlustes dadurch, dass der Einfluss der Einzelleistung auf Erfolg oder Misserfolg als schwach bewertet wird (Kravitz & Martin, 1986). Eine Metaanalyse von Karau & Williams (1993) zeigt, dass die Anstrengung der Einzelpersonen mit zunehmender Gruppengröße sinkt.

Während der Begriff »*soziales Trittbrettfahren*« (free-riding) in der Literatur z. T. synonym zum sozialen Faulenzen verwendet wird, definiert Becker (2024) es im Unterschied dazu als »Verhaltensweisen (...), die Personen in sozialen Gruppen bewusst dazu einsetzen, um mit möglichst wenig eigener Leistung (Kosten) möglichst viele Vorteile (Nutzen) zu bekommen«.

Besonders relevant für Arbeitsgruppen wird soziales Faulenzen und vor allem soziales Trittbrettfahren dann, wenn es zum *Gimpel-Effekt* (sucker effect) führt (Kerr, 1983). In dem Moment, in dem Personen wahrnehmen, dass Gruppenmitglieder ihre Leistungsfähigkeit im Sinne der gemeinsamen Arbeit nicht ausschöpfen, reduzieren sie ihren eigenen Beitrag, um sich vor Ungerechtigkeit zu schützen. Dieser Effekt kann zum Teufelskreis und damit zu einem Motivationsverlust im gesamten Team führen.

Nach der Zusammenstellung eines geeigneten Projektteams sollte in einer konstituierenden Sitzung der erste Fokus auf dem gemeinsamen »Warum?« liegen.

Dieses Fokus-Ziel dient nicht nur der Legitimation der investierten Ressourcen nach außen, sondern auch zur Motivation des gesamten Projektteams und der Kooperationsbereitschaft der Schulgemeinschaft. Möglicherweise ist es an dieser Stelle sinnvoll, einen Schritt zurückzutreten und sich zunächst über gemeinsame Werte abzustimmen (▶ Kap. 6.3.1).

Der Grund für die gemeinsame Aufnahme des De-Implementierungsprozesses sollte möglichst konkret, dabei aber auch so universal formuliert sein, dass sich jedes Mitglied des Kollegiums und der Schulleitung angesprochen fühlt. An dieser Stelle wäre insbesondere an großen Schulen eine erste Abfrage sinnvoll, z. B. »Wenn Sie pro Woche 10 Stunden für Ihre Arbeit an dieser Schule zur freien Verfügung hätten – worin würden Sie diese gerne investieren?«

6.2.2 Analyse der Situation

Nach der Zusammenstellung eines Prozessteams und der Einigung auf ein Fokusziel ist es wichtig, einen Überblick über alle anfallenden Tätigkeiten und Aufgaben zu bekommen, um im nächsten Schritt Bereiche mit dem größten De-Implementierungspotential ermitteln zu können. Nicht übersehen werden darf an diesem Punkt, dass zeitliche Ressourcen sowohl in relativ kurzen, aber sehr regelmäßigen (täglichen) Tätigkeiten gebunden werden (z. B. Kopieren von Arbeitsblättern), aber auch in Aufgaben, die nur an bestimmten Terminen

im Schuljahr erfolgen, dafür aber sehr zeitaufwändig sind (z.B. Zeugniserstellung).
Folgende Methoden wären zur Exploration denkbar:

1. Brainstorming im Prozessteam

Die Bereitschaft, in einem Schulentwicklungsteam zur De-Implementierung mitzuwirken, dürfte möglicherweise in eigenen Erfahrungen mit einem »immer Mehr« und dem Wunsch nach Zeit für Wesentliches begründet sein. Sollte das Team einen guten Querschnitt der Institution repräsentieren, liefert eine Sammlung aller Spontaneinfälle zu potenziellen De-Implementierungsfeldern u.U. bereits einige gute Ansatzpunkte und ist für einen ersten Durchlauf des Prozesses möglicherweise angemessen niederschwellig und ausreichend ergiebig. Voraussetzung dafür, dass einer dieser Themenbereiche ohne zusätzliche Datenerhebung zur Weiterarbeit ins Auge gefasst wird, ist zumindest die Einigung innerhalb des Prozessteams.

2. Brainstorming-Wand im Lehrerzimmer

Ein breiteres Spektrum an Gedanken bietet eine Brainstorming-Wand im Lehrerzimmer, die nach vorangehender Information vom Kollegium genutzt werden kann, um, z.B. über den Zeitraum einer Woche hinweg, eigene Ideen und Felder zur De-Implementierung zu verschriftlichen. Dabei sollte freigestellt werden, ob die erstellten Zettel mit dem Namen des Autors versehen werden (im Falle eventueller Nachfragen) oder anonym aufgehängt werden (um den Filter der sozialen Erwünschtheit und hierarchischen Abhängigkeit zu reduzieren).

3. Qualitative Einzelinterviews mit Lehrkräften

Gezielte (Kurz-)Interviews mit Lehrkräften und ggf. auch anderen Angehörigen der Schule können genutzt werden, um Fragen zu erörtern wie z.B. »Welche Ihrer beruflichen Tätigkeiten halten Sie für wenig effizient und/oder effektiv?« oder »Welche Ihrer Tätigkeiten würden Sie gerne reduzieren, um Zeit für Relevanteres zu haben bzw. um weniger Überstunden machen zu müssen?«

4. Fokusgruppen

Die Fokusgruppe gilt sowohl in der qualitativen Marktforschung als auch in der empirischen Sozialforschung als häufig verwendete Methode zur Sammlung von Daten und Informationen zu einem durch eine/n Kundin/en oder Forscher/in vorgegeben Thema im Rahmen einer Gruppeninteraktion. Durch die moderierte Diskussion innerhalb der Gruppe und die Begründung der eigenen Meinung gegenüber anderen kommt es in der Regel auf zeitökonomische Art und Weise zu einem tieferen Einblick in individuelle Überlegungen als bei einem Einzelinterview. Wichtig ist dabei die sorgfältige Auswahl und Formulierung des zu besprechenden Themas und eine gute Moderation, die verhindert, dass sich dominante Stimmen zu stark in den Vordergrund rücken und auch die zurückhaltender geäußerten Meinungen gehört und ggf. diskutiert werden. Die Auswertung der in Fokusgruppen gewonnenen Daten erfolgt meist über eine detaillierte Transkription des Gesprächs unter qualitativen und quantitativen Gesichtspunkten. Zur reinen Exploration möglicher De-Implementierungsbereiche wäre hier eine pragmatischere Herangehensweise denkbar, bei der die ermittelten Bereiche bereits während des Prozesses mitprotokolliert und im Anschluss durch 2-3 Beobachter (idealerweise Mitglieder des Prozessteams) zusammen mit den Teilnehmern der Fokusgruppe in eine Rangreihenfolge gebracht werden.

5. Dokumentation der Tätigkeiten durch Lehrkräfte

Einen sehr ausführlichen und maximal objektiven Überblick bietet die tägliche Dokumentation aller beruflichen Tätigkeiten durch die einzelnen Lehrkräfte – idealerweise über einen Zeitraum von 14 Tagen. Im Prozess der individuellen De-Implementierung ist dies u. U. die geeignetste, wenn auch eine sehr aufwändige Methode, um ein realistisches Bild darüber zu bekommen, wofür die zeitlichen Ressourcen investiert werden (▶ Kap. 6.3.2). Im Rahmen der Schulentwicklung müsste die Anzahl der in die Dokumentation eingebundenen Lehrkräfte ausreichend repräsentativ für das Gesamtkollegium, aber im Sinne einer Ressourcenschonung angemessen gering sein. Zu beachten ist auch, dass die Art der Dokumentation im Anschluss eine effiziente Zusammenführung und Auswertung ermöglicht. Außerdem ist ggf. Anonymisierung zu gewährleisten, damit die Maßnahme deutlich vom Bereich der Beurteilung abgegrenzt bleibt.

6. Sammlung aller Schulprojekte

6.2 Ablauf der De-Implementierung auf institutioneller (Schul-)Ebene

Besteht bereits zu Beginn des Prozesses der Wunsch nach einer Auseinandersetzung mit den an der Schule etablierten Projekten und Aktionen, die über den Unterricht einzelner Lehrkräfte hinausgehen, kann sich die Bestandsaufnahme auch nur auf diesen Bereich konzentrieren. Für ein möglichst umfassendes Bild eignet sich hierzu die Durchsicht von Jahresberichten, Kalendersystemen, Portfolios der einzelnen Fachbereiche, aber auch die Befragung von Lehrkräften. Letzteres hat den Vorteil, dass dabei zugleich Angaben zum zeitlichen Aufwand mitdokumentiert werden können.

Unabhängig davon, welche der Explorationsmöglichkeiten zum Einsatz kommen, sollten die gewonnenen Daten möglichst objektiv und unvoreingenommen durch das Prozessteam ausgewertet und beurteilt werden. Denkbar wäre hierbei eine Kalkulationstabelle (Tab. 5), über die die durchschnittliche Wochen- oder Jahresarbeitszeit für bestimmte Tätigkeiten darstellbar gemacht wird (Ist-Zustand) und die Möglichkeit bietet, verschiedene Szenarien durchzuspielen, sofern einzelne Tätigkeiten zeitlich reduziert und oder/gestoppt werden (Soll-Zustand).

Tab. 5: Beispiel für eine Kalkulationstabelle

Tätigkeiten-Tagebuch		
Datum:		
An der Schule:		
Tätigkeit	Dauer	Tätigkeitsbereich
Zu Hause:		
Tätigkeit	Dauer	Tätigkeitsbereich

Die Bereiche mit maximalem De-Implementierungspotential sollten in einer Liste gesammelt werden, um anschließend im Prozessteam eine Entscheidung treffen zu können, auf welche(n) man sich in einem ersten Prozessdurchlauf konzentriert.

Zur Veranschaulichung ein Beispiel:

Im Rahmen einer ersten Abfrage wurde im Kollegium deutlich, dass ein Wunsch nach »mehr Zeit für Zusammenarbeit«, d.h. geplante Zeitfenster für den kollegialen Austausch, besteht – sowohl fachdidaktisch (gegenseitiges Vorstellen von Unterrichtskonzepten) als auch pädagogisch-psychologisch im Rahmen kollegialer Fallberatungsgruppen. Im Sinne der Plus-Minus-Null-Regel muss für ein solches Vorhaben an anderer Stelle Zeit eingespart werden. Das Prozessteam hat sich entschieden, dieses Ziel in den Fokus zu nehmen und sich für die Dokumentation der beruflichen Tätigkeiten durch einen Teil des Kollegiums entschieden. Bei der Auswertung hat sich gezeigt, dass eine nicht unerhebliche Wochenstundenzahl der Lehrkräfte in die Bearbeitung von dienstlichen E-Mails fließt. Das Prozessteam entscheidet sich für diese Bereich einen De-Implementierungsplan zu erstellen.

6.2.3 Der Prozessplan

Das RAST-Schema

Die Entwicklung konkreter Schritte zur Umsetzung der De-Implementierung startet mit der strukturierten Analyse von Möglichkeiten im RAST-Schema (▶ Kap. 6.1.3). Hierbei ist unbedingt darauf zu achten, dass die Ideen zu jedem Feld zunächst als Brainstorming möglichst ungefiltert von Bedenken einzelner oder mehrerer Prozessteammitglieder gesammelt werden sollten. An dieser Stelle sind unkonventionelle Ideen, Übertreibungen und Kreativität erlaubt. Bevor sich das Team für 1–3 Maßnahmen entscheidet, werden die Vorschläge diskutiert und ggf. auch hinsichtlich rechtlicher Grundlagen überprüft. Hier gilt es, jede Annahme einer Verpflichtung zu verifizieren (Wo steht das? Von wem kommt diese Vorschrift? Wie groß sind die Spielräume? Warum muss das so sein?) und jede Tätigkeit nochmals auf ihren Ursprung zu überprüfen (Chestertons Zaun, ▶ Kap. 5.1.1).

Spätestens zu diesem Zeitpunkt sollte das Fokusziel (im Beispiel »mehr Zeit für Zusammenarbeit«) in ein SMART-Ziel übersetzt werden:

Für die kollegiale Zusammenarbeit sollen wöchentlich drei Stunden fest eingeplant werden. Dazu werden ab dem nächsten Montag jeweils zweiwöchentlich im Wechsel Terminfenster festgelegt, in denen ein Austausch über didaktische Konzepte bzw. eine moderierte Kollegialen Fallberatung organisiert wird.

Folgende Änderungen werden dazu definiert:
Die durchschnittliche wöchentliche Bearbeitungszeit dienstlicher E-Mails wird von 6 auf 3 Stunden reduziert, indem

- die Weiterleitung von E-Mails an Lehrkräfte stärker eingeschränkt und nach Zuständigkeiten gefiltert wird. Die SL fasst wichtige Informationen stattdessen wöchentlich in einer kurzen Infomail zusammen.
- Eltern darüber informiert werden, dass Lehrkräfte Mails ab sofort nur noch dienstags und donnerstags beantworten. In dringenden Fällen läuft die Kommunikation über das Sekretariat.

Antizipation von Hürden

Aufgrund der kognitiven, sozialen und emotionalen Einflussfaktoren, die De-Implementation verhindern können, sind Hürden und Widerstände bezüglich der vereinbarten Veränderungen zu erwarten und sollten vorab mitbedacht werden. Die möglichst offene Kommunikation zwischen allen Beteiligten und die transparente Vermittlung von Informationen zu Entscheidungen und Prozessen steht dabei an erster Stelle.

Folgende Aspekte können Widerstände mitbedingen:

- Die betroffenen Personen können grundsätzlich Vorbehalte gegenüber Veränderungen haben, da das Ändern alter und die Implementation neuer Gewohnheiten zunächst nahezu in jedem Fall Kosten in Form zeitlicher, kognitiver oder auch emotionaler Ressourcen verursacht. Hier kann es sich lohnen, die Gründe für die De-Implementierung in diesem Bereich im Prozessteam vorab nochmals im Detail zu besprechen und zu verschriftlichen, um sie dann einheitlich und konsistent vertreten zu können.
- Einzelne Personen(gruppen) können von der Umstrukturierung ganz persönlich betroffen sein. Fällt z. B. die Entscheidung, eine bestimmte Tätigkeit ersatzlos zu streichen (Bsp.: Projekttag zu bestimmtem Thema), dann können die dafür verantwortlichen Personen dies als mangelnde Wertschätzung ihrer Arbeit in den letzten Jahren empfinden. Dazu kommt, dass das die Aufgabe von diesen Personen möglicherweise als wichtiges, sinnstiftendes Element ihrer beruflichen Identität gewertet wurde. Eine frühzeitige Einbindung derer, die direkt und in höherem Ausmaß als andere betroffen sind, ist deshalb unbedingt notwendig. Solchen Kolleginnen und Kollegen muss in Gesprächen transparent begründet werden, warum die De-Implementationsmaßnahmen in »ihren« Bereich eingreifen, und ihnen müssen gleichwertige Alternativen zur Verantwortungsübernahme geboten werden.

Im Rahmen der Veränderungsprozesse besteht immer die Gefahr der Missverständnisse und Informationslücken. Der intensive Austausch innerhalb des

Prozessteams und das dabei kontinuierlich stattfindende Abwägen, Diskutieren und Bewerten von Umsetzungsfeldern und -möglichkeiten beziehungsweise auch die Gründe für bestimmte Entscheidungen können in Informationen an die Schulgemeinschaft nicht 1:1 abgebildet werden. Vorab installierte Kommunikationsstrukturen zum »Beschwerdemanagement« können hier gerade an großen Schulen hilfreich sein. Dazu ist es wichtig, einen offenen, lösungsorientierten Diskurs zu ermöglichen, von Seiten des Prozessteams begleitend immer wieder in Einzelgespräche zu gehen und die Stimmung im Kollegium zu erspüren und ggf. auch eine wiederholte anonyme Abfrage zu ermöglichen.

Wie in Kapitel 5.2 (▶ Kap. 5.2) skizziert wurde, erzeugt fast jeder konkrete Versuch, eine bestehende Praktik zu entfernen oder reduzieren, zunächst ein »Ja, aber...«. Mit dem Tool in Anhang können diese systematisch reflektiert werden.

Planung der Einzelschritte – Vorbereitung der (Zwischen-)Evaluation

Zur Detailplanung sollten alle umzusetzenden Maßnahmen oder Veränderungen mit allen Aufgaben zur Vor- und Nachbereitung (Gespräche, Evaluationsschritte, ...) möglichst kleinschrittig aufgeführt, terminiert und mit Zuständigkeiten versehen werden. Sofern sich Teilgruppen des Prozessteams mit einzelnen Aspekten beschäftigen, ist es wichtig, immer eine Person zu benennen, die die Verantwortung trägt (Terminvereinbarung, Dokumentation, Kurzbericht zum Teilprozess bei der nächsten Sitzung...).

Bereits vor Beginn der Umsetzung muss entschieden werden, wie die Evaluation des Prozesses erfolgen soll. Sofern ein messbares SMART-Ziel definiert werden konnte, ist die Operationalisierung auf der Ebene der Ressourcen (▶ Kap. 6.1.5) bereits erfolgt. Abhängig davon, welche Explorationsmethode gewählt wurde, ist auch der Ist-Zustand bezüglich der Ressourcen u. U. schon erhoben worden (Bsp.: durchschnittliche 6 Stunden pro Woche zur Bearbeitung von E-Mails). Andernfalls sollte unbedingt vor Beginn der Intervention ein Vergleichswert mit geeigneten Methoden ermittelt werden (zur Messung persönlicher Einstellungen z. B. Fragebogen mit skalierten Items).

Ebenso verhält es sich mit der Ebene der *Qualitätssicherung* (Ist die Qualität der Arbeitsergebnisse dabei mindestens gleichbleibend? Im Beispielfall: Wie bewerten die Lehrkräfte das neue System der E-Mail-Filterung? Haben sich Elternbeschwerden bezüglich der Erreichbarkeit gehäuft?) und der *Ebene der Ziele* (Wurden die gewonnenen Ressourcen auch in die Ziele investiert? Im Beispielfall: Wurde die Möglichkeit des kollegialen Austauschs genutzt?).

Schon der Vorschlag zur Evaluation der Maßnahmen bezüglich der Annäherung an das grundlegende Ziel zeigt, dass die Re-Investition der gewonnenen Zeit an dieser Stelle bereits möglichst exakt festgelegt und terminiert werden muss. Im genannten Beispiel müsste die Möglichkeit der kollegialen Zusammenarbeit bereits parallel zur De-Implementation bestehen, damit die Inanspruchnahme des Angebots auch als Indikator zur Zielerreichung genutzt werden kann. Zudem erhöht sich damit die Wahrscheinlichkeit, dass die gewonnene Zeit zielgerichtet reinvestiert wird und nicht zu z.B. erhöhter Ineffizienz bei einer bereits bestehenden Aufgabe führt.

Zur Vorbereitung der (Zwischen-)Evaluation ist ebenso wichtig, vorab für die konkrete Situation realistische Kriterien für (Zwischen-)Erfolg zu definieren.

6.2.4 Umsetzung der De-Implementierung

Eine sorgfältige Detailplanung im Vorfeld sorgt dafür, dass in der Phase der Umsetzung jede(r) Beteiligte weiß, was wann zu tun ist. Trotzdem ist es in dieser Phase sinnvoll, im Prozessteam regelmäßig Rücksprache zu halten, um subjektive Wahrnehmungen abzugleichen, sich gegenseitig im gemeinsamen Ziel zu bestärken und, wie unter 6.1.4 (▶ Kap. 6.1.4) ausgeführt, die Zwischenevaluation notfalls vorzuziehen.

6.2.5 (Zwischen-)Evaluation

Im Sinne des Konzepts der De-Implementierung gilt es, die Evaluation ausreichend sorgfältig, aber auch angemessen pragmatisch anzugehen.

Die bereits unter 6.2.3 (▶ Kap. 6.2.3) genannten Möglichkeiten zur (Zwischen-)Evaluation liefern quantitative Daten, bedürfen aber durch die verschiedenen Messzeitpunkte und die detaillierten Vorabüberlegungen einer relativ zeitaufwändigen Planung. Dazu kommt ein mögliches Fehlen der qualitativen Informationen, die Rückschlüsse über die Hintergründe für bestimmte Effekte liefern können.

Ein effizienterer Ansatz kann – gerade an einer kleineren Schule – darin bestehen, anlehnend an die Explorationsphase eine Rückmeldung analog zur »Brainstorming-Wand« (▶ Kap. 6.2.2) oder die Durchführung von Gruppen- oder Einzelinterviews zu den Bereichen *Ressourcen, Qualitätssicherung* und *Ziele* zu organisieren.

Auch hier müssen wieder sehr individuelle, kontext- und situationsabhängige Lösungen gefunden und nach den eigenen Erfahrungen des Teams mit dem ersten Ablauf der De-Implementation angepasst werden.

Die Zwischenevaluation bietet hier bereits eine Chance zur Anpassung des Prozesses auf allen Ebenen und ggf. zu einem vorzeitigen Sprung in den letzten Prozessschritt.

6.2.6 Zurück auf Los!

Als im Idealfall fortlaufende Schulentwicklungsmaßnahme steckt in jedem Abschluss und Resümee eines De-Implementierungsprozesses automatisch ein Neuanfang. Dieser kann darin bestehen, in das bereits bearbeitete Thema tiefer einzusteigen oder ein Neues anzugehen. Das gemeinsame Resümee sollte dabei nicht nur die Inhalte des Prozesses, sondern auf einer Metaebene auch die Zusammenarbeit und die Erfahrungen mit den Evaluationsmethoden umfassen. An dieser Stelle bietet sich für das Team auch eine extern moderierte Teamsupervision an. Grundsätzlich sollte zu diesem Zeitpunkt aber auch der Aus-, sowie ein Einstieg in das Prozessteam (unter Berücksichtigung der dabei relevanten Aspekte aus ▸ Kap. 6.2.1) ermöglicht werden.

> **Zusammenfassung**
> Dieses Kapitel hat sich mit dem Prozess der De-Implementierung auf schulischer Ebene befasst. Dabei wurde ein Schwerpunkt auf die Zusammenstellung von und die Arbeit in Teams gelegt. Die einzelnen Prozessschritte im Rahmen der Schulentwicklung wurden beschrieben und mit Beispielen illustriert. Hinweise zu Hürden und Evaluationsmethoden wurden ergänzt, um Mitglieder der Prozessteams zu befähigen, die Durchführung auf ihre konkrete Situation angepasst umzusetzen.

6.3 Ablauf der De-Implementierung auf individueller Ebene

> **Ziele und Inhalte**
> Dieses Kapitel leitet durch den individuellen De-Implementierungsprozess. Es informiert über

6.3 Ablauf der De-Implementierung auf individueller Ebene

- die Durchführung des individuellen De-Implementierungsprozesses – ganz unabhängig von anderen, aber auch zusammen mit einer Gruppe, ggf. im Rahmen eines Supervisionsprozesses,
- die Entwicklung von Zielen für die »Entrümpelung« der eigenen beruflichen Tätigkeiten,
- Möglichkeiten, sich einen Überblick darüber zu verschaffen, wofür die eigene Arbeitszeit investiert wird,
- Chancen, die das RAST-Schema zur Umsetzung der De-Implementierung bietet,
- Ansätze zu einer möglichst objektiven Bewertung der Prozessergebnisse.

Reflexionsmöglichkeiten zu Werten und inneren Antreibern bieten optional die Gelegenheit eines Blicks »hinter die eigenen Kulissen«.

Die Durchführung einer De-Implementierung auf individueller Ebene hat einen ganz klaren Vorteil: Sie kann frei und ohne zeitliche Vorgaben von anderen durchlaufen werden.

Dazu kommt, dass die Entscheidungen innerhalb des Prozesses weitgehend unabhängig und ohne größere Absprachen erfolgen können – zumindest in den Fällen, in denen sie keine starken Auswirkungen auf andere Personen haben. Nachteilig kann sich dabei ggf. die Begrenzung innerhalb der eigenen inneren Hürden auswirken, die in der Einzelarbeit kein Regulativ durch andere Sichtweisen erfahren.

Hier können das parallele Durchlaufen des Prozesses und das sukzessive Besprechen zusammen mit einer Gruppe von Kolleginnen und Kollegen Abhilfe schaffen. Damit wird ermöglicht, individuelle Ziele zu verfolgen, gleichzeitig aber den Ideenreichtum und die Kreativität anderer zu nutzen. Die Durchführung eines individuellen, aber durch eine Gruppe gestützten De-Implementationsprozesses ist sowohl in einem informellen, selbstorganisierten Rahmen als »Intervision« möglich, aber auch unter Begleitung durch eine Supervisorin oder einen Supervisor, die oder der bestimmte Themen methodisch hinterleuchtet.

Reflexion
Stellen Sie sich schon vor Ihrem Start folgende Fragen:

- Möchte ich meinen De-Implementierungsprozess ganz frei und unabhängig in Einzelarbeit beschreiten? Bin ich dazu ausreichend selbstre-

flexiv und offen für Neues, oder neige ich dazu mich gerne auf Bewährtes und Bestehendes zu stützen?
- Hilft mir der Austausch mit Gleichgesinnten an festgelegten Terminen, am Prozess zu bleiben und meine eigenen Ziele nicht aus den Augen zu verlieren? Kann ich Ideen anderer gut annehmen und für meine Zwecke prüfen? Falls ja: Fallen Ihnen Kolleginnen und Kollegen ein, die Sie für eine solche Zusammenarbeit gewinnen könnten? Wie ließe sich ein derartiger Austausch organisieren?

6.3.1 Ziele oder das »Warum«

Reflexion

- Was hat Sie dazu bewogen, dieses Buch zu lesen?
- Was treibt Sie an?
- Was erhoffen Sie sich?
- Warum erhoffen Sie sich das?

Die Motivation, dieses Buch zu lesen, gibt bereits Einblick in die persönlichen Gründe für die Durchführung des De-Implementierungsprozesses. Die bewusste Auseinandersetzung mit dem »Warum?«

- hilft dabei, im Prozess immer wieder prüfen zu können, ob die Handlungen noch mit den ursprünglichen Zielen und Motiven im Einklang stehen;
- bietet bei Hürden und Durststrecken im Verlauf die nötige Motivationshilfe durch den Fokus auf das Angestrebte.

Übung

Sollte es Ihnen schwerfallen, ein für Sie ausreichend überzeugendes »Warum?« zu finden, dann bietet es sich an dieser Stelle an, sich die persönlichen Werte bewusst zu machen.

Eine Auseinandersetzung mit eigenen Werten kann in Situationen nützlich sein, in denen es Prioritäten zu setzen und sich auf Wesentliches zu konzentrieren gilt.

Sehen Sie sich dazu die Liste im Anhang an und streichen Sie sich spontan die fünf Werte an, die Ihnen am Wichtigsten sind. Entscheiden Sie sich dann

für einen dieser Werte, der Ihnen im Zusammenhang mit der De-Implementation besonders relevant erscheint.
Beispiele:

- »*Verlässlichkeit* ist mir wichtig. Deshalb benötige ich Erholungszeit für mich, um gesund und damit verlässlich für meine Schülerinnen und Schüler sein zu können.«
- »*Professionalität* bedeutet für mich auch, genug Zeit zu haben, um mich weiterzubilden und neue Ideen für meinen Unterricht entwickeln zu können.«
- »*Menschlichkeit* heißt für mich, mehr Zeit in Beziehungen investieren zu können – im Kollegium, aber auch zu Schülerinnen und Schülern und in die Elternarbeit. Dafür hätte ich gerne mehr Zeit.«

Ergebnisse der Überlegungen und ein daraus resultierendes SMART-Ziel (▶ Kap. 6.1.1) können im Reflexionsblatt (Anhang) gesichert werden. Das Beispiel einer Lehrkraft dazu findet sich ebenfalls im Anhang.

6.3.2 Analyse der Situation

Um potenzielle De-Implementierungsfelder zu ermitteln, ist es notwendig, alle Tätigkeiten zu erfassen, die Arbeitszeit beanspruchen. Besonders wichtig ist dabei, »blinde Flecken« zu vermeiden. Gerade in Bereichen, die nicht im Fokus stehen, liegt aufgrund von nicht (mehr) reflektierten Automatismen möglicherweise ein besonders großer ungenutzter Spielraum. Der subjektive Filter bei der Sammlung aller Aktionen kann durch zwei Methoden minimiert werden:

Im Sinne einer möglichst genauen Dokumentation kann die strukturierte Selbstbeobachtung helfen, den lückenlosen Überblick über alle Tätigkeiten zu bekommen. Dazu bietet sich an, alle beruflichen Tätigkeiten mindestens über einen Zeitraum von zwei ganz üblichen Arbeitswochen in einem Tagebuch zu sammeln. Idealerweise erfolgen die Einträge zu zwei Zeitpunkten – direkt nach dem Unterricht und zum Abschluss des Arbeitstags.

6 Leitfaden zur praktischen Umsetzung

Tab. 6: Beispiel zur Dokumentation der Tätigkeiten

	Tätigkeit	Zeitaufwand pro Woche in h
Im Unterricht	Vermittlung von Unterrichtsinhalten	
	Organisatorische Tätigkeiten	
	Einrichtung der Technik (Beamer, Laptop, etc.)	
	Auseinandersetzung mit sozialen Themen in der Klasse	
	Gespräche mit einzelnen Schülerinnen und Schülern	
	...	
	Summe:	
außerhalb des Unterrichts	Unterrichtsvorbereitung: Materialsuche	
	Unterrichtsvorbereitung: Wochenplan	
	Unterrichtsvorbereitung: Absprache mit Kolleginnen und Kollegen	
	Unterrichtsvorbereitung: Erstellen von Arbeitsmaterialien	
	Korrekturen	
	Bearbeitung von Mails: Eltern	
	Bearbeitung von Mails: Schülerinnen und Schüler	
	Bearbeitung von Mails: Eltern	
	Bearbeitung von Mails: Schulleitung	
	Bearbeitung von Mails: Kolleginnen und Kollegen	
	...	
	Summe:	
wiederkehrende Tätigkeiten im Laufe des Schuljahres	Erstellen von Zeugnissen	
	Elternabende	
	Schulveranstaltungen	
	...	
	Summe:	

6.3 Ablauf der De-Implementierung auf individueller Ebene

Tätigkeiten, die sich regelmäßig wiederholen, sollten dabei ggf. in einzelnen Arbeitsschritten aufgeführt werden, um auch kurze, aber häufig wiederkehrende Aktionen möglichst umfassend darzustellen.

Eine weitere oder auch ergänzende Möglichkeit bietet der kollegiale Austausch in einer Fokus-Gruppe mit Kolleginnen und Kollegen, die ebenfalls nach De-Implementierungsmöglichkeiten suchen. Dabei sollten in einem Brainstorming alle beruflichen Aktivitäten gesammelt werden. Hier ist es zielführend, nach groben Tätigkeitsfeldern vorzugehen, z.B. Unterricht, Unterrichtsvorbereitung, Korrekturarbeiten, Arbeit/Gespräche mit einzelnen Schülern, Aufsichten, besondere Aufgabenfelder an der Schule (Beauftragungen, Klassenfahrten, Projektkoordination...), Elternarbeit, E-Mail-Bearbeitung, sonstiges Organisatorisches (Teilzeitanträge, Fortbildungsübersichten, Reisekostenabrechnung...), usw. Bei diesem Austausch werden ggf. bereits Unterschiede bei der Gewichtung bestimmter Tätigkeiten und damit auch Bereiche mit Veränderungspotenzial bewusst.

Die gesammelten Aufgaben können zusammen mit der geschätzten dafür anfallenden Wochenarbeitszeit in einer Kalkulationstabelle erfasst werden. Dadurch ist es möglich, Veränderungen im Zeitaufwand für einzelne Aktivitäten durchzuspielen und die jeweils gewonnene Zeit zu visualisieren.

Bei der Sammlung der Tätigkeiten in Tagebuch-Form ist zu beachten, dass in einer »gewöhnlichen« Arbeitswoche punktuell oder für bestimmte Zeiträume anfallende Projektaufgaben (Zeugnisse, Korrektur von Abschlussarbeiten...) nicht berücksichtigt sind. Auch diese sollten in der Kalkulationstabelle aufgeführt werden, um dann beurteilen zu können, ob Veränderungen dort für die durchschnittliche wöchentliche Arbeitszeit Relevanz besitzen. In der Regel steckt in den alltäglichen Aktivitäten jedoch ein größerer Einflussspielraum mit größerem Effekt.

Am Ende dieser Analyse steht die Ermittlung der De-Implementierungsfelder mit dem größten Potenzial zur Reduktion zeitlicher Ressourcen.

Beispiel
Möglicherweise haben Sie festgestellt, dass Sie trotz langjähriger Unterrichtstätigkeit immer noch sehr viel Zeit in die Vorbereitung Ihres Unterrichts investieren. Nehmen wir an, die Analyse ergäbe eine durchschnittliche Vorbereitungszeit von 2,5 Stunden für jeden Unterrichtstag, dann entspräche das einer Summe von 12,5 Stunden pro Woche. Alleine die Reduktion um 20 %, d.h. 30 Minuten Unterrichtsvorbereitungszeit pro Tag würde 2,5 Stunden pro Woche für Ihr »Warum?« freisetzen. Sie könnten demnach 2,5 Stunden pro Woche fest für die in Schritt 1 definierten Ziele

einplanen. Mit dieser konkreten Zahl vor Augen wird es Ihnen leichter fallen, Ihren individuellen Plan in Schritt 3 zu entwickeln.

6.3.3 Der Prozessplan

Anwendung des RAST-Schemas/Arbeit an inneren Hürden

Die Analyse der Tätigkeiten lenkt den Fokus auf Bereiche, die Potenzial zur De-Implementierung besitzen. Im nächsten Schritt folgt die Prüfung, wie die dort investierte Zeit merklich reduziert werden kann. Die durchschnittlichen Einsparungen pro Woche sollten zu einer Stundensumme führen, die für das (hoffentlich realistische) Ziel Relevanz besitzen, ganz unabhängig davon, ob selbiges beruflicher (z.B. die lang aufgeschobene fachliche Weiterbildung zu einem bestimmten Thema) oder privater Art (weniger Überstunden und mehr Freizeit für ein neues Hobby) ist.

Das Reflexionsblatt (im Anhang) soll die strukturierte Vorgehensweise bei der Entwicklung eines De-Implementierungsplans unterstützen. Dazu werden das Fokus- und das SMART-Ziel aus Kap. 6.3.1 (▶ Kap. 6.3.1) in den Bereich »Mein Fokusziel« übertragen und der ermittelte De-Implementierungsbereich dokumentiert. Daran schließt sich die Überlegung an, wie die Mechanismen *Reduzieren*, *Austauschen*, *Stoppen* und *Transformieren* in diesem Bereich wirksam werden können. Ein Brainstorming ohne unmittelbare Bewertung der auftauchenden Ideen kann hier das Ideenspektrum erweitern. Bei der Zusammenarbeit in einer Gruppe können an dieser Stelle auch Ideen anderer einfließen. Das Beispiel einer Lehrkraft dazu findet sich im Anhang.

Sofern trotz der vielfältigen Möglichkeiten zur Einsparung von Zeit (Reduktion von Aufgaben in Häufigkeit oder Anzahl, Ersatz von Methoden oder Abläufen durch Alternativen mit höherer Effizienz, ersatzloses Streichen bestimmter Arbeiten, Veränderung von Aktivitäten so, dass sie effizienter werden) das ausgefüllte RAST-Schema wenig konkrete Umsetzungsideen anbietet, könnte das mit Glaubenssätzen in Verbindung stehen, die der Kreativität Grenzen setzen.

Welche kognitiven Phänomene bzw. emotionalen und sozialen Aspekte zur Bildung und Aufrechterhaltung dieser Denkmuster beitragen, wurde bereits in Kapitel 4.2 (▶ Kap. 4.2) beschrieben.

Glaubenssätze sind unbewusste, tief in uns verwurzelte Grundüberzeugungen über uns und unsere Umwelt, die uns helfen, die Komplexität in unserem Denken und Erleben und Verhalten zu reduzieren, und entstehen auf der Basis unserer Erfahrungen mit bestimmten Situationen.

> »Der Begriff Glaubenssatz wird als allgemeine Bezeichnung für eine Vielzahl schemabezogener Konstrukte verwendet, wie z. B. Annahmen, Erwartungen, Ängste, Regeln und Bewertungen, die Erinnerungen und Assoziationen beeinflussen. Manche Glaubenssätze haben eine imperative Form. Das Objekt kann das eigene Ich oder andere Personen sein. Diese Glaubenssätze werden in Worten wie »sollte«, »muss« oder »müsste« formuliert« (Beck & Haigh, 2014, S. 6, übersetzt).

Beck (1979) nennt die kognitiven Muster, mit denen wir mit einer internalisierten individuellen Regelhaftigkeit auf bestimmte Reize oder Situationen reagieren, »Schemata« und bezeichnet die Prozesse, die sie anstoßen, als »thoughtless thinking« (»gedankenloses Denken«; ebd., S. 5).

Ein z. B. schon in der Kindheit verinnerlichter Glaubenssatz wie »Nur das Beste ist gut genug« kann als Regularium für eigenes Verhalten und Handeln in vielen Lebenssituationen zum Erfolg führen und wird dadurch weiter verstärkt und verinnerlicht. Zum Problem wird dieser Glaubenssatz in dem Moment, in dem er dysfunktionale oder ineffektive Verhaltensweisen auslöst. Diese können dann in bestimmten Situationen nicht mehr hinterfragt werden, weil sich alle Handlungsalternativen im »toten Winkel« der Grundüberzeugung verstecken.

Entwickelt sich die zeitraubende Suche einer Lehrkraft nach Unterrichtsmaterialen im Internet z. B. aus einer Grundüberzeugung wie »Nur das Beste ist gut genug.«, so ist es u. U. nicht möglich, die Option des »ersatzlosen Streichens« überhaupt nur in den Blick zu nehmen. Die ausschließliche Arbeit mit dem (vermutlich lehrplankonformen und damit objektiv ausreichenden) Material aus dem Handbuch zum Lehrwerk könnte ganz ungeprüft als so abwegig erscheinen, dass diese Möglichkeit selbst im Rahmen eines Brainstormings keine Chance zum Einzug auf die Liste bekommt.

Dysfunktionale Glaubenssätze und Denkmuster, die sich im Laufe unseres Lebens entwickelt und gefestigt haben, lassen sich nur sehr schwer und in langfristig angelegten (Therapie-) Prozessen anpassen. Gerade in einem nichtpathologischen Zusammenhang kann es aber bereits hilfreich sein, sich die eigenen Grundüberzeugungen bewusst zu machen und sich selbst darin zu trainieren, die dadurch gesteckten innerlichen Grenzen zu erkennen.

Folgende Situation zu Veranschaulichung:

Nach einem sehr anstrengenden Arbeitstag ist Lehrkraft XY gerade im Begriff, den PC auszuschalten und den Feierabend zu begehen. In diesem Moment weist ein akustisches Signal des Mailprogramms auf den Eingang einer neuen Nachricht hin. Sofern sich jetzt z. B. ein »Erst die Arbeit, dann das Vergnügen«-Autopilot meldet, öffnet die Lehrkraft, möglicherweise ohne lange zu überlegen, das Mailprogramm und liest die Nachricht. Im schlechtesten Fall führt dies dazu, dass sich der Feierabend weit nach hinten verschiebt. Gelingt es, sich im kurzen Moment zwischen dem Reiz (Ton der eingehenden Mail) und der unreflektierten Handlung (Mailprogramm öffnen und lesen) die Denk- und in diesem Fall auch nur noch Reaktionsmuster bewusst zu machen, dann wird sich der Handlungsspielraum automatisch erweitern. Es wird möglich, eine Metaebene einzunehmen, damit einen rationaleren Zugang zur Situation zu gewinnen und bewusst eigene Prioritäten zu setzen.

> **Übung**
> Denken Sie an Ihren persönlichen De-Implementierungsbereich. Versuchen Sie sich jetzt an eine Situation zu erinnern, bei der Sie in diesem Bereich rückwirkend betrachtet zu viel Zeit investiert haben. Was wäre Ihnen durch den Kopf gegangen, wenn Sie mitten in dieser Tätigkeit einfach gestoppt hätten. Welche Gedanken (Befürchtungen, Vorbehalte) wären Ihnen in den Sinn gekommen? Welche Glaubenssätze könnten hinter diesen Gedanken stecken?
>
> Beispiele für hemmende Gedanken und damit in Verbindung stehende Glaubenssätze:

Hemmende Gedanken	Mögliche Glaubenssätze
Das muss ich noch besser machen!	Es ist nur gut, wenn es perfekt ist. Man macht keine halben Sachen. Ich bin nicht gut (genug). Nur wenn ich perfekt bin, bekomme ich Anerkennung. Arbeiten, die schnell erledigt sind, haben keinen Wert.
Das kann ich nicht ablehnen!	Andere müssen mich mögen. Ich muss immer tun, was man mir sagt. Wenn ich »Nein« sage, mache ich mich unbeliebt.
Das muss ich nochmals kontrollieren!	Fehler sind schlimm. Lieber mal auf »Nummer sicher« gehen. Vertrauen ist gut – Kontrolle ist besser.
Das muss ich unbedingt noch fertig machen!	Erst die Arbeit, dann das Vergnügen. Ohne Fleiß – kein Preis.
Das muss ich selbst machen!	Um Hilfe zu bitten, zeigt Schwäche. Es ist effizienter, wenn ich die Dinge selbst erledige. Ich kann mich nur auf mich selbst verlassen.

Stellen Sie sich jetzt eine Person vor, von der Sie denken, dass Sie Ihren Glaubenssatz nicht teilt, ihm im besten Falle sogar stark widersprechen würde. Versuchen Sie mit den Augen dieser Person auf das RAST-Schema zu blicken. Welche Ideen würde diese Person ergänzen?
(Hinweis: Nutzen Sie gerne auch die Möglichkeit, eine geeignete Person aus Ihrem Umfeld direkt zu befragen, sofern sie sich ergibt.)

Übung
Für diese Übung (in Anlehnung an Schulz v. Thun & Stegemann, 2019) brauchen Sie etwas Platz (am besten auf einem Tisch), einen Stift und einige Notizzettel.

1. Versetzen Sie sich jetzt nochmals in eine Situation, in der Sie in den Bereich, in dem Sie De-Implementierungschancen sehen, Ihrer Ansicht nach effizienter hätten sein können. Finden Sie für diese Situation eine geeignete Überschrift, die Sie gut sichtbar auf Ihrem Tisch platzieren.
2. Stellen Sie sich jetzt vor, Sie hätten in die Erledigung der betreffenden Aufgabe wesentlich weniger Zeit investiert, oder sie sogar unvollendet gestoppt.
   - Welche Gedanken kommen Ihnen in den Sinn?
   - Welche Stimmen werden laut?
   - Welche Stimmen befürworten die Vorgehensweise?
   - Welche Stimmen warnen oder äußern Bedenken?
   - Notieren Sie sich Ihre Sätze auf einzelne Notizzettel (5–10).
3. Im nächsten Schritt geben Sie jeder Stimme einen Namen, der sie gut charakterisiert. Beschreiben Sie mit diesem Namen ein ganz wesentliches Motiv dieser Stimme (z.B. »die/der Bedenkenträger/in«, »die/der Selbstfürsorgliche, die/der Perfektionist/in ...).
4. Wenn Sie die für Sie wichtigsten Stimmen ermittelt und zusammen mit ihrem Namen auf Notizzetteln notiert haben, dann ordnen Sie diese um sich herum auf dem Tisch oder auch auf dem Boden an.
5. Reflektieren Sie:
   - Welche Stimme ist Ihnen näher? Welche steht weiter weg? Warum?
   - Welche Stimme ist lauter, welche ist leiser?
   - Treten manche Stimmen nur gemeinsam auf?
   - Wie fühlt es sich an, wenn Sie sich den einzelnen Stimmen nähern oder sich von ihnen entfernen?
   - Gibt es Stimmen, die Sie stummschalten möchten, weil sie Sie in Ihrem Wunsch nach De-Implementation nur stören?

- Gibt es leise Stimmen, die vielleicht mehr Beachtung verdient haben?
- Können Sie sich einer Stimme anschließen oder braucht es einen Kompromiss zwischen mehreren?

Grundsätzlich ist es sinnvoll, sich die Szenerie mit etwas Abstand nach ein paar Tagen nochmals anzusehen. Vergessen Sie deshalb nicht, die Aufstellung zum Abschluss der Reflexion mit einem Foto zu dokumentieren (ein Beispiel zu dieser Übung finden Sie im Anhang).

Info-Box: Fakt oder Fiktion? – Gut geprüft ist halb gewonnen
Sätze wie: »Das macht man (hier) so!« oder »Das haben wir immer schon so gemacht!« dienen in Kollegien nicht nur der Identifikation mit ihrer Bezugsgruppe, sondern entstehen auch aus einem sozialen Konformitätsdruck (▶ Kap. 4.2.3). Als Berufseinsteiger(in) oder neues Mitglied des Kollegiums ist es hilfreich und sinnvoll, sich Gegebenheiten und Abläufen vor Ort anzupassen. Angefangen bei der Orientierung im Gebäude, über das Erinnern von Namen und Gesichtern bis hin zur Analyse von Teamstrukturen und dem Finden des eigenen Platzes im sozialen Gefüge aus Kollegium, Eltern und Schülern vor Ort bindet der Einstieg an einer Schule viele Ressourcen. Einzelne Vorgaben und Prozesse werden in dieser Situation aus reinem Pragmatismus bereitwillig übernommen und nicht weiter hinterfragt. Im weiteren Verlauf des Arbeitslebens schleichen sich damit immer mehr Routinen und »automatisierte Pflichten« ein, die in dieser Form oder diesem Umfang u. U. gar nicht notwendig wären. Mangelnde Kommunikation über Dinge, die selbstverständlich erscheinen, führt dazu, dass Handlungsspielräume gar nicht mehr ausgelotet und verhandelt werden. Das Pflichtbewusstsein steht über der Rationalität.

Gerade dann, wenn Aufgaben schwerfällig, wenig zielorientiert und/oder redundant erscheinen, empfiehlt sich deshalb, immer wieder ein Hinterfragen der Abläufe unter Berücksichtigung des Prinzips von »Chestertons Zaun« (▶ Kap. 5.1.1). Gut möglich ist dabei, dass der Ursprung einiger »gewachsener« und als Pflicht erachteter Aufgabenbereiche nicht mehr zu ermitteln ist, weil der Grund für ihre Implementation gar keine Relevanz mehr besitzt.

Zu betonen ist, dass bei diesen Überlegungen nicht das Streben nach »Dienst nach Vorschrift« im Vordergrund steht, sondern die Suche nach Räumen zur De-Implementierung im Sinne einer höheren Arbeitszufriedenheit durch Entlastung und Zeit zur Gestaltung.

Planung der Einzelschritte – Vorbereitung der (Zwischen-) Evaluation

Nach dem Durchlaufen des RAST-Schemas und ggf. dem Erforschen innerer Hürden sollten sich Bereiche abgezeichnet haben, in denen es sich lohnt, mit De-Implementationsmaßnahmen zu beginnen. Zur Gewährleistung einer konsequenten Umsetzung des Plans hilft vorab die Konkretisierung aller Einzelschritte (siehe dazu das Reflexionsblatt in Anhang; das Beispiel einer Lehrkraft dazu findet sich im Anhang). An welcher Stelle kann realistisch Zeit eingespart werden? Wo sind innere und äußere Hürden überwindbar? Was kann bei der Umsetzung helfen? Wie kann verhindert werden, in alte Verhaltensmuster zurückzufallen? Ist es nötig, mit einzelnen Personen ins Gespräch zu gehen, um anzukündigen, dass bestimmte Dinge nicht mehr, nicht mehr so genau oder nicht mehr so häufig erledigt werden?

> »Die Arbeit dehnt sich aus, um die zur Verfügung stehende Zeit für ihre Fertigstellung zu füllen« (Parkinson, 1955, S. 635, übersetzt).

Damit die gewonnene Zeit im Sinne des Zieles verwendet wird, sollte die Reinvestition ebenso gut geplant werden wie die Schritte bei der Einsparung. Dies stellt sicher, dass wertvolle Minuten und Stunden im Sinne des Zieles genutzt und nicht durch eine andere, unvorhergesehene Aufgabe besetzt werden. Hier bietet sich an, feste Termine in den Kalender einzutragen – zur Beschäftigung mit einem Thema, das vertieft werden soll oder zur Ausübung eines Hobbys – ganz entsprechend dem Fokusziel.

Selbstverständlich ist unbedingt zu vermeiden, dass die De-Implementation sich als weiteres Projekt in die ständig wachsende Liste ineffektiver Tätigkeiten einreiht. Bereits vor Beginn der Umsetzung ist es deshalb notwendig, sich Gedanken zur Evaluation machen. Einige der Daten, die benötigt werden, um die Wirksamkeit möglichst objektiv beurteilen, müssen bereits im Ausgangszustand erhoben werden. Nur dann sind sie mit denen nach der Intervention vergleichbar.

Aus einem spezifisch und messbar formuliertem SMART-Ziel ergeben sich automatisch passende Möglichkeiten zur Operationalisierung:

- Zeit (Einsparung von Überstunden oder Investition in gewünschte Tätigkeit)
- eigene bzw. Zufriedenheit der Schülerinnen und Schüler auf einer Skala von 1–10
- Bewertung einzelner Aspekte Ihres Unterrichts durch Kolleginnen und Kollegen nach einer Hospitation auf einer Skala von 1–10
- prozentualer Fortschritt bzw. Abschluss einer Anzahl bestimmter Projekte

- konkrete Zielvorgaben wie z. B. Prozentsatz bestandener Prüfungen.

Der aktuelle Ist-Zustand wird mit der gleichen Methode erhoben, die auch zur Evaluation des Fortschritts bestimmt wurde. Auch der Zeitpunkt für die (Zwischen-)Evaluation sollte an dieser Stelle festgelegt werden.

6.3.4 Umsetzung der De-Implementierung

Nach relativ langer Planungsphase und guter Vorbereitung sind bei der Durchführung der De-Implementierung im Idealfall keine größeren Hürden zu erwarten. Falls Glaubenssätze hin und wieder den Prozess blockieren, kann eine Erinnerung an das Fokusziel hilfreich sein.

Der »Gewinn« sollte in diesem Punkt ganz bewusst erlebt werden und – entsprechend des SMART-Ziels – die Zeit für die Beschäftigung mit einem Projekt, den Gesprächen mit Ihren Schülerinnen und Schülern oder der Erholung am Abend konsequent genutzt werden.

6.3.5 (Zwischen-)Evaluation

Sobald der Zeitpunkt für eine Zwischenbewertung gekommen ist, erfolgt eine Erhebung der aktuellen Daten analog zum Ausgangszustand, verbunden mit einer Reflexion:

- Hat eine Annäherung an das Ziel stattgefunden?
- Was hat sich bewährt und sollte intensiviert werden?
- Was fällt schwer – was fällt leicht?
- Welche Erkenntnisse konnten bisher gewonnen werden?
- Gab es von anderen positive oder auch negative Rückmeldungen, die in Zusammenhang mit den getroffenen Veränderungen stehen?

Sollte die quantitative und qualitative Evaluation bei der Zwischenbewertung eher schwache Ergebnisse liefern, wäre es sinnvoll zu prüfen, ob es sich lohnt, weiter Zeit und Energie in diesen Bereich zu investieren oder den Prozess abzukürzen und gleich zu Schritt 6 zu springen. Andernfalls wird der Prozess bis zum Abschluss fortgeführt und anschließend erneut bezüglich der Zielerreichung bewertet.

6.3.6 Zurück auf Los!

Egal ob der Prozess ein vorzeitiges oder geplantes Ende findet – der Abschluss kann immer wieder in einem Neustart mit höherer Intensität der Effizienzsteigerung im bereits bearbeiteten Bereich oder in der Erschließung eines weiteren münden. Die in Kapitel 4.2 (▶ Kap. 4.2) beschriebenen kognitiven, emotionalen, sozialen und ideologischen Faktoren fördern eine permanente Tendenz zur Ausweitung der Tätigkeiten. Alle Aufgabenbereiche sollten demnach regelmäßig oder sogar kontinuierlich auf den Prüfstand gestellt und De-Implementierungsmöglichkeiten reflektiert werden.

> **Zusammenfassung**
> In diesem Kapitel wurde beschrieben, wie ein De-Implementierungsprozess ganz individuell und unabhängig von anderen, nach Wunsch aber auch im Austausch mit einer Gruppe von Kolleginnen und Kollegen durchgeführt werden kann. An erster Stelle stand dabei die Erkundung des »Warum?« und dazu optional auch die Exploration der persönlichen Werte. Nach der Analyse der Arbeitssituation wurde, unter Berücksichtigung möglicher Veränderungsblockaden und der Vorbereitung für die anschließende Evaluation, Schritt für Schritt durch die Erstellung eines Plans die Umsetzung und die Bewertung Ihres De-Implementierungsprozesses geführt.

7 Zu guter Letzt

Im Jahr 1993 erfand der Wissenschaftler Tom Davis das Spiel Buzzword Bingo. Auf einer Fachkonferenz hatte er sich über Vorträge geärgert, die mit inhaltsleeren Schlagwörtern gefüllt waren. Er schrieb daraufhin ein Programm, das Bingo-Karten erzeugte, die mit Schlagwörtern gefüllt waren. Wann immer ein Schlagwort fiel, konnte man auf dem Spielplan ein Feld ankreuzen und wer 5 Kreuze in einer Reihe hatte, rief laut »Bingo!«.

Fragen Sie sich: Wie oft könnten Sie während einer pädagogischen Konferenz »Bingo!« rufen und wie lange würden Sie brauchen, um 5 Kreuze in einer Reihe voll zu bekommen, wenn Sie durch die neueste pädagogische Handreichung blättern?

Wenn es um erfolgreiche De-Implementierungsprozesse geht, die tatsächlich zu mehr Qualität und weniger Ressourcenverbrauch führen, dann erweisen sich gerade die vielen Buzzwords als Kern dessen, was weg muss. Wenn auf der Mikro-Ebene individuelle Verhaltensweisen und auf der Meso-Ebene innerschulische Prozesse auf ihre Wirksamkeit überprüft und im Falle mangelnder Wirksamkeit abgestellt werden sollen, so sind es auf der Makro-Ebene die Konzepte, Ideen und Begriffe, welche die dysfunktionalen Praktiken häufig überhaupt erst auslösen. Diese binden Zeit, indem Menschen sich mit ihnen beschäftigen müssen. Sie sind oft von kurzfristigen Trends geprägt, was dazu führen kann, dass sie meist schnell an Relevanz verlieren und sie erzeugen Widerstand gegen Innovationen, da sich durch das wiederholte Erleben von Reformprozessen, die zu nichts führen, Resignation einstellt.

De-Implementierung beginnt damit, dass man Schule nicht zum wiederholten Mal »neu denken« muss. Sie beginnt damit, dass leere Phrasen hinterfragt und abgelehnt werden. Sie beginnt damit, dass Schulen nicht gezwungen werden, das x-te Konzept zum x-ten Buzzword zu verfassen, sondern stattdessen wenige Konzepte *umsetzen* können, die einen echten Nutzen haben. Sie beginnt mit der Abschaffung von Handreichungen und Fortbildungen zu nachweislich nutzlosen Konzepten, mit denen Schulleitungen und Lehrkräfte sich auseinandersetzen müssen, mit der Abschaffung von dienstlichen Verpflichtungen, die unnötig Zeit in Anspruch nehmen, und institutionalisierten Ritualen, die längst keinen Sinn mehr ergeben.

De-Implementierung ist auch ein Akt der Befreiung von Bürokratie und überflüssigen Verordnungen. Sie hat verschiedene Ziele, aber sie dient in aller erster Linie der sinnvollen Nutzung unserer wichtigsten Ressource:

7 Zu guter Letzt

LEBENSZEIT

Literatur

Adams, G. S., Converse, B. A., Hales, A. H., & Klotz, L. E. (2021). People systematically overlook subtractive changes. *Nature, 592*(7853), 258–261.

Ajzen, I. (1985). From intentions to actions: A theory of planned behavior. In I. J. Kuhl, & J. Beckmann (Eds.), Action control: From cognition to behavior (S. 11–39). Heidelberg: Springer-Verlag.

Ajzen, I. (2002). Residual effects of past on later behavior: Habituation and reasoned action perspectives. *Personality and Social Psychology Review, 6*(2), 107–122.

Appel, M. (2020). Wie lässt sich das Postfaktische eindämmen? In Die Psychologie des Postfaktischen: Über Fake News, »Lügenpresse«, Clickbait & Co. (S. 205–210). Springer, Berlin, Heidelberg.

Arkes, H. R., & Blumer, C. (1985). The psychology of sunk cost. *Organizational Behavior and Human Decision Processes, 35*(1), 124–140.

Bastian, J. & Rolff, H.-G. (2002). Abschlussevaluation des Projektes »Schule & Co.« Gütersloh: Bertelsmann Stiftung. online: http://www.imsw.de/pdf/imsw_schule_und_co.pdf

Bauer, J., & Kollar, I. (2023). (Wie) kann die Nutzung bildungswissenschaftlicher Evidenz Lehren und Lernen verbessern? Thesen und Fragen zur Diskussion um evidenzorientiertes Denken und Handeln von Lehrkräften. *Unterrichtswissenschaft, 51*(1), 123–147.

Beck, A., Rush, J., Shaw, B., & Emery, G. (1979). Cognitive Therapy of Depression. New York: Guilford Press.

Beck, A., & Haigh, E. (2014). Advances in cognitive theory and therapy: The generic cognitive model. *Annual Review of Clinical Psychology, 10*(1), 1–24.

Beck, H. (2016). Hirnrissig. Die 20,5 größten Neuromythen – und wie unser Gehirn wirklich tickt. München: Goldmann.

Becker (2024, Juni 02). Trittbrettfahrer? Soziales Faulenzen erkennen und verhindern. Wirtschaftspsychologische Gesellschaft. https://wpgs.de/fachtexte/trittbrettfahrer-soziales-faulenzen/

Becker, F. (2016). Teamarbeit, Teampsychologie, Teamentwicklung. Heidelberg: Springer.

Berman, P., & McLaughlin, M. (1977). Federal Programs Supporting Educational Change, Vol. VII: Factors Affecting Implementation and Continuation. Washington, D.C.: US Office of Ecuations, Dpt. Of Health, Education and Welfare.

Bernard, M. E., Joyce, M. R., & Rosewarne, P. (1983). Helping teachers cope with stress: A rational-emotive approach. In: A. Ellis & M.E. Bernard (Hrsg.), Rational-emotive approaches to the problems of childhood (S. 415–455). New York: Plenum Press.

Beutel, S. I., Jachmann, M., Lütgert, W., Tillmann, K. J., & Vollstädt, W. (2012). Noten oder Berichte? Die schulische Beurteilungspraxis aus der Sicht von Schülern, Lehrern und Eltern. Wiesbaden: Springer.

Bowers, J. S. (2020). Reconsidering the evidence that systematic phonics is more effective than alternative methods of reading instruction. *Educational Psychology Review, 32*(3), 681–705.

Breitenbach, E., & Keßler, B. (1997). Edu-Kinestetik aus empirischer Sicht. *Sonderpädagogik, 1*, 8–18.

Bremerich-Vos, A., Böhme, K., Krelle, M., Weirich, S., & Köller, O. (2010). Kompetenzstufenmodelle im Fach Deutsch. IQB-Bildungstrend.

Brenner, P. J. (2002). Gutachten zum Projekt Schule & Co in Nordrhein-Westfalen (1997–2002). Institut für Medienevaluation, Schulentwicklung und Wissenschaftsberatung (IMSW). Mering, Kurzversion unter http://www.imsw.de/pdf/imsw_schule_und_co.pdf

Brophy, J. E., & Good, T. L. (1970). Teachers' communication of differential expectations for children's classroom performance: Some behavioral data. *Journal of Educational Psychology, 61*(5), 365–374.

Buckingham, J. (2020). Systematic phonics instruction belongs in evidence-based reading programs: A response to Bowers. *The Educational and Developmental Psychologist, 37*(2), 105–113.

Buhren, C. G., & Rolff, H. G. (2018). Schulentwicklung und Schulentwicklungsberatung. Weinheim: Beltz.

Burke, C. S., Stagl, K. C., Klein, C., Goodwin, G. F., Salas, E., & Halpin, S. M. (2006). What type of leadership behaviors are functional in teams? A meta-analysis. *The Leadership Quarterly, 17*(3), 288–307.

Burow, O. A., Plümpe, C., & Bornemann, S. (2008). Schulentwicklung. In T. Coelen, & H.U. Otto (Hrsg.), Grundbegriffe Ganztagsbildung (S. 602–610). Wiesbaden: VS Verlag für Sozialwissenschaften.

Bußmann, M. (1999). smart – Reduce to the max: Wie die Unternehmenskultur die Vertriebsorganisation bestimmt. unveröffentlichte Hausarbeit. online: https://www.audimax.de/fileadmin/hausarbeiten/wirtschaftswissenschaften/Hausarbeit-BWL-Wie_die_Unternehmenskultur_die_Vertriebsorganisation_besstimmt_am_Beispiel_smart_-_reduce_to_the_max_ahx2610.pdf

Chase, W. G., & Simon, H. A. (1973). Perception in chess. *Cognitive Psychology, 4*(1), 55–81.

Cooper, H., Robinson, J. C., & Patall, E. A. (2006). Does homework improve academic achievement? A synthesis of research, 1987–2003. *Review of Educational Research, 76*(1), 1–62.

Cuban, L. (1993). The lure of curricular reform and its pitiful history. *Phi Delta Kappan, 75*(2), 182–185.

Dalin, P., & Rolff, H. G. (1990). Institutionelles Schulentwicklungsprogramm. Soest: Soester Verlagskontor.

Darley, J. M., & Latané, B. (1968). Bystander intervention in emergencies: diffusion of responsibility. *Journal of Personality and Social Psychology, 8*(4), 377–383.

Daumiller, M., & Wisniewski, B. (2022). Lerntypen – Warum es sie nicht gibt und sie sich trotzdem halten [Learning styles — Why they don't exist but still prevail]. In-Mind/InMind, 22(3). PsyArXiv: uzyae. https://de.in-mind.org/article/lerntypen-warum-es-sie-nicht-gibt-und-sie-sich-trotzdem-halten

David, M., & Ebert, A. (2015). Berühmte Gynäkologen. Semmelweis-Reflex? – Ignaz Philipp Semmelweis (1818–1865) zum 150. Todestag. *Geburtshilfe und Frauenheilkunde, 75*(8), 789–791.

Dee, T. S., & Wyckoff, J. (2015). Incentives, selection, and teacher performance: Evidence from IMPACT. *Journal of Policy Analysis and Management, 34*(2), 267–297.

Deutsche Gesellschaft für Evaluation (2016). Standards für Evaluation. Online: https://www.degeval.org/degeval-standards/ [Abruf am 23.03.202]

DeWitt, P. M. (2022). De-implementation: Creating the space to focus on what works. Thousand Oaks: Corwin Press.

Doppler, K., & Lauterburg, C. (2008). Change management: den Unternehmenswandel gestalten. Campus Verlag.

Drucker, P. (1977). People and Performance: The Best of Peter Drucker on Management. New York: Harper's College Press.

Dunsmore, J., Duncan, E., MacLennan, S., N'Dow, J., & MacLennan, S. (2023). Effectiveness of de-implementation strategies for low-value prescribing in secondary care: a systematic review. *Implementation Science Communications, 4*, 115.

Dyckhoff, A. (2016). Bloß nicht ausgefragt werden...: Das Erleben der Situation der unangekündigten Ausfrage aus Schülersicht. Unveröffentlichte Abschlussarbeit: LMU München.

Eder, F., Altrichter, H., Hofmann, F., & Weber, C. (2015). Evaluation der Neuen Mittelschule (NMS): Befunde aus den Anfangskohorten. Evaluation of the Neue Mittelschule (NMS)-Findings from the Initial Cohorts]. Salzburg: Universität Salzburg.

Eder, F., Dämon, K., & Hörl, G. (2011). Das »Autonomie-Paritäts-Muster«: Vorberuflich erlerntes Stereotyp, Bewältigungsstrategie oder Ergebnis der beruflichen Sozialisation? *Zeitschrift für Bildungsforschung, 1*(3), 199–217.

Edmondson, A. (1999). Psychological safety and learning behavior in work teams. *Administrative Science Quarterly, 44*(2), 350–383.

Elison, J. (2005). Shame and guilt: A hundred years of apples and oranges. *New Ideas in Psychology, 23*(1), 5–32.

Engelen, E.-M., Fleischhack, C., Galizia, C. G., & Landfester, K. (Hrsg.). (2010). Heureka: Evidenzkriterien in den Wissenschaften. Heidelberg: Spektrum.

Feller, W. (2015). Die Neue Mittelschule: Viel Geld für eine bessere Hauptschule? Wien: Agenda Austria, Vereinigung für wissenschaftlichen Dialog und gesellschaftliche Erneuerung.

Fend, H. (1986). »Gute Schulen-schlechte Schulen«. Die einzelne Schule als pädagogische Handlungseinheit. *Die Deutsche Schule, 78*(3), 275–293.

Fisher, A. V., Godwin, K. E., & Seltman, H. (2014). Visual environment, attention allocation, and learning in young children: When too much of a good thing may be bad. *Psychological Science, 25*(7), 1362–1370.

Fleischmann, M., Hübner, N., Marsh, H. W., Trautwein, U., & Nagengast, B. (2021). Investigating the Association between the Big Fish Little Pond Effect and Grading on a Curve: A Large-Scale Quasi-Experimental Study. *International Journal of Educational Research, 110*, 101853.

Frey, D., Gerkhardt, M., & Fischer, P. (2008). Erfolgsfaktoren und Stolpersteine bei Veränderungen. In R. Fisch, A. Müller, & D. Beck (Hrsg.), Veränderungen in Organisationen (S. 281-299). Wiesbaden: VS Verlag für Sozialwissenschaften.

Funke, R. (2014). Erstunterricht nach der Methode« Lesen durch Schreiben« und Ergebnisse schriftsprachlichen Lernens-Eine metaanalytische Bestandsaufnahme. *Didaktik Deutsch: Halbjahresschrift für die Didaktik der deutschen Sprache und Literatur, 19*(36), 21–41.

Gärtner, H. (2013). Wirksamkeit von Schülerfeedback als Instrument der Selbstevaluation von Unterricht. In J. Hense, S. Rädiker, W. Böttcher, & T. Widmer (Hrsg.), Forschung über Evaluation. Bedingungen, Prozesse und Wirkungen. Münster: Waxmann, 107–124.

Gerkhardt, M., & Frey, D. (2006). Erfolgsfaktoren und psychologische Hintergründe in Veränderungsprozessen. Entwicklung eines integrativen psychologischen Modells. *OrganisationsEntwicklung, 25*(4), 48–59.

Gerwick, M. A. (2013). Strategies for effective meetings. *The Journal of Continuing Education in Nursing, 44*(4), 171–177.

Godwin, K. E., Leroux, A. J., Scupelli, P., & Fisher, A. V. (2022). Classroom design and children's attention allocation: Beyond the laboratory and into the classroom. *Mind, Brain, and Education, 16*(3), 239–251.

Goldstein, N. J., Cialdini, R. B., & Griskevicius, V. (2008). A room with a viewpoint: Using social norms to motivate environmental conservation in hotels. *Journal of Consumer Research, 35*(3), 472–482.

Gräsel, C., Fußangel, K., & Pröbstel, C. (2006). Lehrkräfte zur Kooperation anregen-eine Aufgabe für Sisyphos?. *Zeitschrift für Pädagogik, 52*(2), 205–219.

Hagen, J. U. (2013). Crew Resource Management. In Ebd. (Hrsg.), Confronting Mistakes (S. 77–107). London: Palgrave Macmillan.

Hamilton, A., Hattie, J., & Wiliam, D. (2023). Making Room for Impact: A De-Implementation Guide for Educators. Thousand Oaks: Corwin Press.

Harris, K. E. (2006). Effects of Visual Distractions in the Classroom Environment on the Time on Task of Elementary Students with ADHD. Longwood University: Dissertation.

Hattie, J. (2009). Visible Learning: A Synthesis of Over 800 Meta-Analyses Relating to Achievement. London: Routledge.

Hattie, J., Biggs, J., & Purdie, N. (1996). Effects of learning skills interventions on student learning: A meta-analysis. *Review of Educational Research, 66*(2), 99–136.

Hedberg, B. (1981). How Organizations Learn and Unlearn. In: P. Nystrom & W. Starbuck, (Hrsg.), Handbook of Organizational Design: Adapting Organisations to Their Environment (S. 1–27). Oxford: University Press.

Heyse, H. (2011). Herausforderung Lehrergesundheit. Handreichung zur individuellen und schulischen Gesundheitsförderung. Hannover: Friedrich.

Hill, H. C., Charalambous, C. Y., & Kraft, M. A. (2012). When rater reliability is not enough: Teacher observation systems and a case for the generalizability study. *Educational Researcher, 41*(2), 56–64.

Hillert, A., Koch, S., & Lehr, D. (2013). Das Burnout-Phänomen am Beispiel des Lehrerberufs. *Der Nervenarzt, 84*(7), 806–812.

Hillert, A., Lehr, D., Koch, S., Bracht, M., Ueing, S., Sosnowsky-Waschek, N., & Lüdtke, K. (2016). Lehrergesundheit. AGIL – das Präventionsprogramm für Arbeit und Gesundheit im Lehrerberuf. Stuttgart: Schattauer.

Hillert, A., Lehr, D., Koch, S., Bracht, M.M., Ueing, S., Sosnowsky-Waschek, N. & Lüdtke, K. (2018). Lehrergesundheit. AGIL – das Präventionsprogramm für Arbeit und Gesundheit im Lehrerberuf. Stuttgart: Schattauer.

Howells, J., & Scholderer, J. (2016). Forget unlearning? How an empirically unwarranted concept from psychology was imported to flourish in management and organisation studies. *Management Learning, 47*(4), 443–463.

Literatur

Ingenkamp, K. & Lissmann, U. (2008). Lehrbuch der Pädagogischen Diagnostik. Weinheim: Beltz.

Jachmann, M. (2003). Noten oder Berichte. Die schulische Beurteilungspraxis aus der Sicht von Schülern, Lehrern und Eltern. Opladen: Leske + Budrich.

Kahneman, D. (1979). Prospect theory: An analysis of decisions under risk. *Econometrica*, 47(2), 263-292.

Kahneman, D. (2003). A perspective on judgement and choice. *American Psychologist*, 58(9), 697-720.

Kaluza, G. (2015). Stressbewältigung. Trainingsmanual zur psychologischen Gesundheitsförderung. Heidelberg: Springer.

Kanders, M., & Rösner, E. (2006). Das Bild der Schule im Spiegel der Lehrermeinung-Ergebnisse der 3. IFS-Lehrerbefragung 2006. Jahrbuch der Schulentwicklung, 14, 11-48.

Karau, S. J., & Williams, K. D. (1993). Social loafing: A meta-analytic review and theoretical integration. *Journal of Personality and Social Psychology*, 65(4), 681-706.

Kerr, N. L. (1983). Motivation losses in small groups: A social dilemma analysis. *Journal of Personality and Social Psychology*, 45(4), 819-828.

Kirk, Sabine (2004). Beurteilung mündlicher Leistung, Pädagogische, psychologische, didaktische und schulrechtliche Aspekte der mündlichen Leistungsbeurteilung. Bad Heilbrunn: Klinkhardt.

Klein, H. E., & Stettes, O. (2008). Reform der Lehrerbeschäftigung: Effizienzpotenziale eines leistungsgerechten Vergütungssystems. Köln: Initiative Neue Soziale Marktwirtschaft.

KMK (2004). Standards für die Lehrerbildung: Bildungswissenschaften. Beschluss der Kultusministerkonferenz vom 16.12.04.

KMK (2023). Statistische Veröffentlichungen der Kultusministerkonferenz, Dokumentation Nr. 238 – Dezember 2023: Lehrkräfteeinstellungsbedarf und -angebot in der Bundesrepublik Deutschland 2023-2035 – Zusammengefasste Modellrechnungen der Länder. Online: https://www.kmk.org/fileadmin/Dateien/pdf/Statistik/Dokumentationen/Dok_238_Bericht_LEB_LEA_2023.pdf

Kounin, J. S. (1970). Discipline and group management in classrooms. New York: Holt, Rinehart & Winston.

Kozlowski, S. W. J., & Ilgen, D. R. (2006). Enhancing the Effectiveness of Work Groups and Teams. *Psychological Science in the Public Interest*, 7(3), 77-124.

Kravitz, D. A., & Martin, B. (1986). Ringelmann rediscovered: The original article. *Journal of Personality and Social Psychology*, 50(5), 936-941.

Labaree, D. F. (2021). The dynamic tension at the core of the *grammar of schooling*. *Phi Delta Kappan*, 103(2), 28-32.

Lipowsky, F., & Rzejak, D. (2021). Welche Art von Fortbildung wirkt. Was Lehrkräfte lernen müssen – Bedarfe der Lehrkräftefortbildung in Deutschland, online: https://library.fes.de/pdf-files/a-p-b/18117.pdf#page=19.

LoBiondo-Wood, G., & Haber, J. (2002). Nursing research: Methods and critical appraisal for evidence-based practice. London: Elsevier.

Locke, E. & Latham, G. (2002). Building a Practically Useful Theory of Goal Setting and Task Motivation: A 35-Year Odyssey. *American Psychologist*, 57(9), 705-717.

Logen, A., Fügemann, C., Minsel, W.-R. & Stephan, E. (2004). Stressreduktion und Leistungsverbesserung: hält Brain-Gym was es verspricht?. *Report Psychologie, 29*(10), 602–608).

Lohrmann, K., Haag, L. & Götz, T. (2011). Dösen bis zum Pausengong. Langeweile im Unterricht: Ursachen und Regulationsstrategien von Schülerinnen und Schülern. In *Schulverwaltung Bayern 34* (4), 113–116.

Lortie, D. C. (1972). Schoolteacher – a sociological study. Chicago: The University of Chicago Press.

Luhmann, N., & Schorr, K. E. (1982): Das Technologiedefizit der Erziehung und die Pädagogik. In: Ebd. (Hrsg.), Zwischen Technologie und Selbstreferenz. Fragen an die Pädagogik (S. 11–41). Berlin: Suhrkamp.

Marsella, A. J. (1994). The measurement of emotional reactions to work: Conceptual, methodological and research issues. *Work & Stress, 8*(2), 153–176.

McKay, V. R., Morshed, A. B., Brownson, R. C., Proctor, E. K., & Prusaczyk, B. (2018). Letting go: Conceptualizing intervention de-implementation in public health and social service settings. *American Journal of Community Psychology, 62*(1–2), 189–202.

Melnyk, B. & Fineout-Overholt, E. (2023). Evidence-based practice in nursing & healthcare: A guide to best practice. Philadelphia: Wolters Kluwer.

Menz, C., Spinath, B., & Seifried, E. (2021). Misconceptions die hard: prevalence and reduction of wrong beliefs in topics from educational psychology among preservice teachers. *European Journal of Psychology of Education, 36*, 477–494.

Mesmer-Magnus, J. R., & DeChurch, L. A. (2009). Information sharing and team performance: A meta-analysis. *Journal of Applied Psychology, 94*(2), 535–546.

MET (Measures of Effective Teaching Project, 2013). Ensuring Fair and Reliable Measures of Effective Teaching: Culminating Findings from the MET Project's Three-Year Study. The Bill and Melinda Gates Foundation, January 2013.

Montini, T., & Graham, I. D. (2015). »Entrenched practices and other biases«: unpacking the historical, economic, professional, and social resistance to de-implementation. *Implementation Science, 10*, 1–8.

Murawski, W., & Lee Swanson, H. (2001). A meta-analysis of co-teaching research: Where are the data?. *Remedial and Special Education, 22*(5), 258–267.

Mußmann, F., Hardwig, T., Riethmüller, M., & Klötzer, S. (2021). Digitalisierung im Schulsystem 2021. Arbeitszeit, Arbeitsbedingungen, Rahmenbedingungen und Perspektiven von Lehrkräften in Deutschland. Göttingen: Kooperationsstelle Hochschulen und Gewerkschaften der Georg-August-Universität Göttingen.

Mußmann, F., Riethmüller, M., & Hardwig, T. (2016). Niedersächsische Arbeitszeitstudie Lehrkräfte an öffentlichen Schulen 2015/2016. Göttingen: Georg-August-Universität. https://www.gew-nds.de/fileadmin/media/sonstige_downloads/nds/Mehrarbeit/Niedersaechsische-Arbeitszeitstudie2015-2016-Endbericht.pdf

Nancekivell, S. E., Shah, P., & Gelman, S. A. (2020). Maybe they're born with it, or maybe it's experience: toward a deeper understanding of the learning style myth. *Journal of Educational Psychology, 112*(2), 221–235.

Newton, P. M., & Salvi, A. (2020). How common is belief in the learning styles neuromyth, and does it matter? A pragmatic systematic review. *Frontiers in Education*, 602451.

Niven, D. J., Mrklas, K. J., Holodinsky, J. K., Straus, S. E., Hemmelgarn, B. R., Jeffs, L. P., & Stelfox, H. T. (2015). Towards understanding the de-adoption of low-value clinical practices: A scoping review. *BMC Medicine, 13*, 255.

Norton, W. E., & Chambers, D. A. (2020). Unpacking the complexities of de-implementing inappropriate health interventions. *Implementation Science, 15*(1), 2.

Oelkers, J. (2008). Schulentwicklung in Deutschland und die Bedeutung der Selbstevaluation. Vortrag bei der Tagung »Von Daten zu Taten–SEIS als Motor der Schulentwicklung »am 11.09.2008 in Berlin.

Parker, G. A. (2021). Understanding the drivers of low-value care and de-implementation processes: A multi-methods study. University of Toronto: Dissertation.

Parkinson, D. (1955). Parkinson's law. *The Economist, 177*(5856), 635–637.

Patcy, A. M., Grimshaw, J. M., & Francis, J. J. (2021). Changing behaviour,‹more or less‹: do implementation and de-implementation interventions include different behaviour change techniques?. *Implementation Science, 16*, 1–17.

Pearson, P. D. (2004). The reading wars. *Educational Policy, 18*(1), 216–252.

Prasad, V., & Ioannidis, J. P. (2014). Evidence-based de-implementation for contradicted, unproven, and aspiring healthcare practices. *Implementation Science, 9*, 1–5.

Quesel, C. (2012). Die »*Grammar of schooling*« als populistische Ressource. Zum Scheitern von zwei Bildungsreformen in Deutschland und der Schweiz. *Schweizerische Zeitschrift für Bildungswissenschaften, 34*(1), 97–114.

Reichen, J. (1988). Lesen durch Schreiben: Wie Kinder selbstgesteuert lesen lernen. Zürich: Sabe-Verlag.

Richter, D. & Pant, H. A. (2016). Lehrerkooperation in Deutschland: Eine Studie zu kooperativen Arbeitsbeziehungen bei Lehrkräften der Sekundarstufe I. Gütersloh [u. a.]. Bertelsmann Stiftung; Robert Bosch Stiftung; Stiftung Mercator; Deutsche Telekom-Stiftung.

Rogowsky, B. A., Calhoun, B. M., & Tallal, P. (2015). Matching learning style to instructional method: Effects on comprehension. *Journal of Educational Psychology, 107*(1), 64–78.

Rolff, H. G., Buhren, C., Lindau-Bank, D., & Müller, S. (2000). Manual Schulentwicklung: Handlungskonzept zur pädagogischen Schulentwicklungsberatung. Weinheim: Beltz.

Ruël, G., Bastiaans, N., & Nauta, A. (2003). Free-riding and team performance in project education. University of Groningen, Research Institute SOM (Systems, Organisations and Management), Research Report.

Rutter, M. (1979). Fifteen thousand hours: Secondary schools and their effects on children. Cambridge: Harvard University Press.

Sackmann, C. (2007). Mythos Methoden-Training. Göttingen: Vandenhoeck & Ruprecht.

Salas, E., Dickinson, T. L., Converse, S. A., & Tannenbaum, S. I. (1992). Toward an Understanding of Team Performance and Training. In R. W. Swezey, & E. Salas (Hrsg.), Teams: Their Training and Performance (S. 3–29). New York: Ablex Publishing.

Samuelson, W., & Zeckhauser, R. (1988). Status quo bias in decision making. *Journal of Risk and Uncertainty, 1*, 7–59.

Schaarschmidt, U. (2006). AVEM - ein persönlichkeitsdiagnostisches Instrument für die berufsbezogene Rehabilitation. In: Arbeitskreis Klinische Psychologie in der Rehabilitation BDP (Hrsg.), Psychologische Diagnostik – Weichenstellung für den Reha -Verlauf (S. 59–82). Bonn: Deutscher Psychologen Verlag.

Schaarschmidt, U., & Kieschke, U. (2013). Beanspruchungsmuster im Lehrerberuf - Ergebnisse und Schlussfolgerungen aus der Potsdamer Lehrerstudie. In: M. Rohland (Hrsg.), Belastung und Beanspruchung im Lehrerberuf (S. 81–98). Wiesbaden: Springer.

Schaarschmidt, U., & Kieschke, U. (2013). Beanspruchungsmuster im Lehrerberuf. Belastung und Beanspruchung im Lehrerberuf, 81–98.

Scheuch, K., Rehm, U., & Seibt, R. (2008). Prävention und Gesundheitsförderung in Lehrberufen. *Prävention und Gesundheitsförderung, 3*(3), 199–205.

Schlee, J. (2013). Schulentwicklung gescheitert: Die falschen Versprechen der Bildungsreformer. Stuttgart: Kohlhammer.

Schneider, W., & Pressley, M. (1989). Memory development between 2 and 20. New York: Springer.

Schoeffel, S., & Rosenbrock, M. (2022). Doing fewer things, better: The case for de-implementation. *Teacher Magazine.* online: https://www.teachermagazine.com/au_en/articles/doing-fewer-things-better-the-case-for-de-implementation

Schrader, F. W. (2013). Diagnostische Kompetenz von Lehrpersonen. *BzL - Beiträge zur Lehrerinnen-und Lehrerbildung, 31*(2), 154–165.

Schreiner, C., & Helm, C. (2024). 10 Jahre NMS–Inwiefern hat sich der Unterricht aus Perspektive der Schüler*innen verändert? 10 Jahre Regelschule–die (Neue) Mittelschule, 132–148.

Schulz v. Thun, F., & Stegemann, W. (2019). Das innere Team in Aktion, Praktische Arbeit mit dem Modell. Hamburg: Rowohlt.

Seibt, R., Galle, M., & Dutschke, D. (2007). Psychische Gesundheit im Lehrerberuf. Prävention und Gesundheitsförderung, 2(4), 228–234.

Siegrist, J. (2009). Gratifikationskrisen als psychosoziale Herausforderungen. Arbeitsmedizin, Sozialmedizin, *Umweltmedizin, 44*, 574–579.

Siegrist, J., & Peter, R. (1994). Job stressors and coping characteristics in work-related disease: issues of validity. *Work & Stress, 8*(2), 130–140.

Slavin, R. E. (2002). Evidence-based education policies: Transforming educational practice and research. *Educational Researcher, 31*, 15–21.

Solow, R. M. (1970). Science and ideology in economics. *The Public Interest, 21*, 94–107.

Soltau, A., & Mienert, M. (2010). Unsicherheit im Lehrerberuf als Ursache mangelnder Lehrerkooperation? Eine Systematisierung des aktuellen Forschungsstandes auf Basis des transaktionalen Stressmodells. *Zeitschrift für Pädagogik, 56*(5), 761–778.

Spaulding, L. S., Mostert, M. P., & Beam, A. P. (2010). Is Brain Gym® an effective educational intervention?. *Exceptionality, 18*(1), 18–30.

Starbuck, W. (1996). Unlearning Ineffective or Obsolete Technologies. *International Journal of Technology Management, 11*, 725–737.

Strong, M., Gargani, J., & Hacifazlioğlu, Ö. (2011). Do we know a successful teacher when we see one? Experiments in the identification of effective teachers. *Journal of Teacher Education, 62*(4), 367–382.

Sun, X., Norton, O., & Nancekivell, S. E. (2023). Beware the myth: learning styles affect parents', children's, and teachers' thinking about children's academic potential. *npj Science of Learning, 8*(46), 1–9.

Sypes, E. E., de Grood, C., Whalen-Browne, L., Clement, F. M., Parsons Leigh, J., Niven, D. J., & Stelfox, H. T. (2020). Engaging patients in de-implementation interventions to reduce low-value clinical care: a systematic review and meta-analysis. *BMC Medicine, 18*, 1–15.

Tarr, P. (2004). Consider the walls. *Young Children, 59*(3), 1–5. Online: http://www.naeyc.org/files/yc/file/200405/ ConsidertheWalls.pdf [Abruf am 17.04.2024]

Toulmin, S. (2003). *The uses of argument*. Cambridge: University Press.

Trumpa, S., Franz, E. K., & Greiten, S. (2016). Forschungsbefunde zur Kooperation von Lehrkräften: Ein narratives Review. *DDS–Die Deutsche Schule, 108*(1), 80–92.

Truscott, J. (2007). The effect of error correction on learners' ability to write accurately. *Journal of Second Language Writing, 16*(4), 255–272.

Tyack, D., & Cuban, L. (1995). *Tinkering toward utopia: A century of public school reform.* Cambridge: Harvard University Press.

Tyack, D., & Tobin, W. (1994). The »grammar« of schooling: Why has it been so hard to change?. *American Educational Research Journal, 31*(3), 453–479.

Unterbrink, T., Hack, A., Pfeifer, R., Buhl-Grießhaber, V., Müller, U., Wesche, H., ... & Bauer, J. (2007). Burnout and effort-reward-imbalance in a sample of 949 German teachers. *International Archives of Occupational and Wnvironmental Health, 80*(5), 433–441.

van Bodegom-Vos, L., Davidoff, F., & Marang-Van De Mheen, P. J. (2017). Implementation and de-implementation: two sides of the same coin? *BMJ Quality & Safety, 26*(6), 495–501.

Varol, Y., Weiher, G., Wendsche, J. et al. (2021). Difficulties detaching psychologically from work among German teachers: prevalence, risk factors and health outcomes within a cross-sectional and national representative employee survey. BMC Public Health 21, 2046 (2021). https://doi.org/10.1186/s12889-021-12118-4

Vartanian, L. R., Spanos, S., Herman, C. P., & Polivy, J. (2015). Modeling of food intake: a meta-analytic review. *Social Influence, 10*(3), 119–136.

Viñao Frago, A. (2001). Do educational reforms fail? A historian's response. *Encounters of. Education, 2*, 27–47.

Wacker, A., & Groß, D. (2014). Wie belastend empfinden Lehrerinnen und Lehrer outputorientierte Bildungsreformen? Eine Längsschnittuntersuchung am Beispiel von Realschullehrkräften aus Baden-Württemberg. *Zeitschrift für Berufs-und Wirtschaftspädagogik, 110*(3), 462–473.

Walsh-Bailey, C., Tsai, E., Tabak, R. G., Morshed, A. B., Norton, W. E., McKay, V. R., & Gifford, S. (2021). A scoping review of de-implementation frameworks and models. *Implementation Science, 16*, 1–18.

Wang, V., Maciejewski, M. L., Helfrich, C. D., & Weiner, B. J. (2018). Working smarter not harder: coupling implementation to de-implementation. *Healthcare, 6*(2), 104–107.

Wason, P. (1968). Reasoning about a rule. *Quarterly Journal of Experimental Psychology, 20*(3), 273–281.

Weick, K. E. (1976). Educational organizations as loosely coupled systems. *Administrative Science Quarterly, 21*, 1–19.

Weinstein, Y., Sumeracki, M., & Caviglioli, O. (2018). *Understanding how we learn: A visual guide*. London: Routledge.

Weisberg, D., Sexton, S., Mulhern, J., & Keeling, D. (2009). *The widget effect*. Brooklyn, NY: The New Teacher Project.

Wood, W. (2019). *Good habits, bad habits: The science of making positive changes that stick.* London: Pan Macmillan.

Zmigrod, L. (2022). A psychology of ideology: Unpacking the psychological structure of ideological thinking. *Perspectives on Psychological Science, 17*(4), 1072–1092.

Anhang

1 Beispiele zur De-Implementierung auf einen Blick

Korrekturen (▶ Kap. 4.2)

Beschreibung

Die Praxis der Korrekturen in Schulen macht etwa ein Siebtel der gesamten Arbeitszeit von Lehrkräften aus und steht im Mittelpunkt eines weiteren Beispiels der De-Implementierung ineffektiver Maßnahmen. Bei rund 975.000 Lehrkräften in Deutschland werden jährlich etwa 223 Millionen Arbeitsstunden auf Korrekturen verwendet. Studien zeigen jedoch, dass dieser erhebliche Aufwand nur einen geringen Nutzen bringt. Eine Metaanalyse von John Truscott (2007) hat festgestellt, dass die Fähigkeit der Schülerinnen und Schüler, fehlerfreie Texte zu schreiben, durch Korrekturen nicht verbessert wird. Im Gegenteil, die Leistungen der Lernenden, die viele Korrekturen erhalten, verschlechtern sich sogar. Effektiver als Korrekturen sind Kommentare, die auf spezifische Probleme hinweisen und zur eigenständigen Überarbeitung anregen. Diese Forschungsergebnisse werfen die Frage auf, ob Korrekturen nicht nur unwirksam, sondern möglicherweise sogar schädlich für den Lernprozess sind.

RAST-Schema

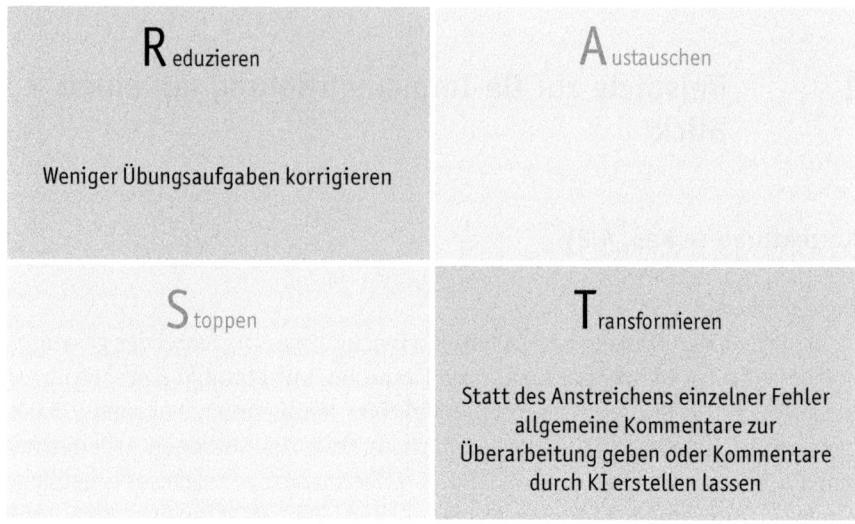

Lesen durch Schreiben (▶ Kap. 4.2.4)

Beschreibung

Das Konzept »Lesen durch Schreiben«, entwickelt von Jürgen Reichen in den 1980er Jahren, betont freies und kreatives Schreiben ohne Rücksicht auf Rechtschreibung. Kinder schreiben Wörter nach Gehör, um ein Gefühl für Sprache zu entwickeln, ohne formale Regeln zu lernen. Die Methode sollte die traditionelle Fibelmethode ersetzen, die systematisch Buchstaben und Lautwerte lehrt. Mehrere Bundesländer führten »Lesen durch Schreiben« ein, zogen es jedoch später zurück oder verboten es. Wissenschaftliche Studien zeigen, dass die Methode Begründungsschwierigkeiten aufweist. Trotz mangelnder wissenschaftlicher Fundierung wird »Lesen durch Schreiben« weiterhin angewendet.

RAST-Schema

Reduzieren	**A**ustauschen
	Methoden zum Leseerwerb verwenden, deren Wirksamkeit nachweisbar ist
Stoppen	**T**ransformieren

Dekoration im Klassenzimmer (▶ Kap. 4.3.3)

Beschreibung

Das Beispiel der Klassenzimmerdekoration zeigt, dass visuelle Reize in Lernumgebungen, insbesondere in der Primarstufe, häufig als Qualitätsmerkmal angesehen werden, obwohl Forschungsergebnisse das Gegenteil nahelegen. Bunte Poster, Buchstabenkarten und ähnliche Dekorationen sollen den Raum ansprechend gestalten, lenken aber die Aufmerksamkeit der Schülerinnen und Schüler ab und behindern deren Lernfortschritte. Studien belegen, dass eine übermäßige Dekoration besonders negative Auswirkungen auf Kinder mit Aufmerksamkeitsstörungen hat. Trotz dieser Erkenntnisse schafft das Schulsystem Anreize für eine aufwendige Raumgestaltung, wodurch der tatsächliche Lernerfolg der Kinder beeinträchtigt werden kann. Lehrerinnen und Lehrer, die schlichte Klassenzimmer bevorzugen, könnten kritischen Blicken ausgesetzt sein, obwohl eine weniger dekorierte Umgebung dem Lernen zuträglicher wäre.

Anhang

RAST-Schema

R eduzieren	A ustauschen
Weniger Dekoration	
S toppen	T ransformieren
Auf Dekorationen verzichten	

Lerntypen (▶ Kap. 5.1.4)

Beschreibung

Das Konzept der Lerntypen, welches besagt, dass Menschen je nach visuell, auditiv oder haptisch bevorzugtem Lernstil effektiver lernen, hat sich trotz mangelnder empirischer Unterstützung weit verbreitet. Viele Lehrkräfte glauben, dass die Berücksichtigung dieser Lernpräferenzen zu besseren Lernergebnissen führt. Metaanalysen und empirische Studien zeigen jedoch, dass eine Anpassung des Unterrichts an individuelle Lerntypen keinen signifikanten positiven Einfluss auf die Lernerfolge hat und in einigen Fällen sogar nachteilige Effekte auf die Lernfortschritte der Schülerinnen und Schüler haben kann. Trotzdem bleibt der Mythos der Lerntypen in der Bildungslandschaft stark verankert. Ein hoher Anteil von Lehrkräften und angehenden Lehrkräften glaubt weiterhin an die Wirksamkeit dieser Methode, was zeigt, wie tief dieses Konzept trotz gegenteiliger wissenschaftlicher Beweise verwurzelt ist.

RAST-Schema

Reduzieren	**A**ustauschen
Stoppen Auf Berücksichtigung vermeintlicher Lerntypen verzichten	**T**ransformieren

Tage der offenen Tür (▶ Kap. 5.1.5)

Beschreibung

Die Tage der offenen Tür, die an vielen Schulen durchgeführt werden, dienen sowohl der Information von Schülerinnen, Schülern und deren Eltern als auch als Werbemaßnahme. Diese Veranstaltungen erfordern einen erheblichen Zeitaufwand von Lehrkräften, um spezielle Angebote wie Aufführungen und Projekte zu organisieren. Die Wirksamkeit dieser Praxis ist jedoch stark kontextabhängig. Für Schulen, die weit mehr Bewerbungen als Plätze haben, scheint der Nutzen begrenzt, während Schulen, die um Neuanmeldungen konkurrieren, möglicherweise stärker davon profitieren. Forschungsergebnisse zu diesem Thema sind selten und bieten daher wenig Hilfestellung. Eine systematische Befragung der neu angemeldeten Schülerinnen und Schüler sowie deren Eltern könnte Aufschluss darüber geben, ob der Tag der offenen Tür einen bedeutenden Einfluss auf die Schulwahl hatte. Wird er häufig als Grund für die Wahl genannt, ist seine Beibehaltung gerechtfertigt. Andernfalls könnten die dafür aufgewendeten Ressourcen anderweitig effektiver genutzt werden.

RAST-Schema

Reduzieren	**A**ustauschen
Info-Stand mit Mitgliedern der Schulgemeinschaft	Schulhausführungen für Interessierte
Stoppen	**T**ransformieren
Verzicht bei nicht nachweisbarem Nutzen	Einmalige Erstellung eines Image-Videos mit Schulhausführung und Überblick über die schulischen Angebote für mehrfachen Einsatz

Rechenschaftsablagen (▶ Kap. 5.2.2)

Beschreibung

Die Praxis der Rechenschaftsablagen, bei der Schülerinnen und Schüler am Anfang einer Unterrichtsstunde Fragen zur Vorstunde beantworten und dafür eine Note erhalten, wird oft als ineffektiv und kontraproduktiv angesehen. Diese Methode erzeugt Stress und Angst bei den Lernenden, führt zu ungenutzter Lernzeit und Unterrichtsstörungen und erfüllt nicht die grundlegenden Testgütekriterien wie Objektivität und Reliabilität. Obwohl sie in vielen Schulordnungen verankert ist, gibt es keine Belege dafür, dass diese Form der Leistungserhebung zu einer besseren Konsolidierung der Lerninhalte führt. Eine ressourcenschonende Alternative wäre, diese dysfunktionale Praxis zu eliminieren und die dadurch gewonnene Zeit für intensivere Übungs- und Wiederholungsphasen zu nutzen.

RAST-Schema

Reduzieren	**A**ustauschen

Stoppen	**T**ransformieren
Auf Rechenschaftsablagen verzichten	Wiederholungsphasen einführen, bei denen alle Schülerinnen und Schüler eingebunden sind

Edu-Kinestetik (▶ Kap. 5.2.2)

Beschreibung

Die Edu-Kinestetik ist eine Schulpraxis, die Bewegungsübungen zur Verbesserung des Lernens einsetzt, indem sie angeblich die beiden Gehirnhälften vernetzt und so Lernschwierigkeiten und psychische Störungen behandeln kann. Diese Methode, die auch in staatlichen Lehrkräftefortbildungen angeboten wird, basiert nicht auf wissenschaftlichen Erkenntnissen der Medizin, Anatomie oder Neurobiologie. Studien und Forschung zeigen keine nachweisbaren Effekte dieser Praxis auf schulisches Lernen oder auf die Korrektur einseitiger Gehirnbelastungen. Trotz ihrer Verbreitung auf Esoterik-Webseiten und in einigen Schulen kann die Edu-Kinestetik nicht durch wissenschaftliche Belege gestützt werden und steht im Widerspruch zu etablierten wissenschaftlichen Erkenntnissen über das menschliche Gehirn.

Anhang

RAST-Schema

Reduzieren	**A**ustauschen
Stoppen Auf edukinestetische Übungen verzichten	**T**ransformieren

Team Teaching (▶ Kap. 5.2.2)

Beschreibung

Das Beispiel des Team Teaching in Österreich zeigt eine weitreichende Reform im Schulbereich, die ab dem Schuljahr 2008/2009 eingeführt wurde, um die Inklusion zu erleichtern. Diese Praxis beinhaltete die Einführung einer zweiten Lehrkraft in jedem Klassenverband, insbesondere in den Fächern Deutsch, Englisch und Mathematik. Ziel war eine kooperative Unterrichtsform, bei der Lehrkräfte sich gegenseitig unterstützen sollten. Trotz erheblicher materieller Ressourcen, die für das Team Teaching aufgewendet wurden, konnte eine Evaluationsstudie im Jahr 2015 keine signifikanten Verbesserungen in der Leistung oder der Chancengleichheit der Schülerinnen und Schüler nachweisen. Aufgrund hoher Zusatzkosten und fehlender Wirksamkeitsnachweise empfahl der österreichische Rechnungshof, das Team Teaching zu reduzieren. Eine weitere Studie im Jahr 2024 bestätigte, dass in den Fächern Mathematik und Englisch keine nennenswerten Verbesserungen der Lernunterstützung erreicht wurden. Praktisch zeigt sich die Umsetzung des Team Teachings oft in einer unzureichenden Nutzung der zusätzlichen Lehrkraft, was zu einem kritischen Spitznamen unter Schülerinnen und Schülern führte: ›Heizkörperlehrer‹.

RAST-Schema

Reduzieren	**A**ustauschen
Stoppen	**T**ransformieren Fortbildung von Lehrkräften zum effektiven Einsatz von Team Teaching

Methodentraining (▶ Kap. 5.2.2)

Beschreibung

Das Methodentraining, das in den 1990er Jahren in mehreren Bundesländern Deutschlands, insbesondere in Nordrhein-Westfalen und Rheinland-Pfalz, eingeführt wurde, illustriert die Implementierung von schulischen Reformen, die sich als ineffektiv herausgestellt haben. Diese Reform zielte darauf ab, den Unterrichtsschwerpunkt von der Vermittlung von Inhalten auf die Vermittlung von Methoden zu verlagern, inspiriert von den Arbeiten des Lehrers Heinz Klippert. Schülerinnen und Schüler sollten generische Kompetenzen erwerben, die unabhängig von spezifischen Fächern anwendbar sind. Trotz der weitreichenden Einführung und der Implementierung in den Lehrplänen wurde das Konzept des Methodentrainings weitgehend als wenig zielführend bewertet. Die additive Natur der Maßnahmen, die fehlende theoretische Fundierung und die mangelnde Nachweisbarkeit positiver Effekte charakterisieren diese Reform als dysfunktionales Beispiel. Dies zeigt sich auch daran, dass viele der ursprünglich angestrebten Reformziele inzwischen revidiert oder aufgegeben wurden, obwohl einige Elemente wie »Lernen lernen«-Kurse weiterhin bestehen.

RAST-Schema

Reduzieren	**A**ustauschen

Stoppen	**T**ransformieren
Kurse zum Methodentraining streichen, schulübergreifende Reformen zurücknehmen	Evidenzbasierte Vermittlung metakognitiver Strategien im Fachunterricht

One-Shot-Fortbildungen (▸ Kap. 5.3.1)

Beschreibung

One-Shot-Fortbildungen sind einmalige Veranstaltungen, die breit angelegt sind und meist oberflächlich bleiben. Sie bieten Lehrkräften oft nur begrenzte Möglichkeiten zur praktischen Anwendung im Unterricht und zur Reflexion über neue Inhalte. Forschung zeigt, dass effektive Fortbildungen stattdessen auf praxisnahe Herausforderungen eingehen, die Teilnehmer aktiv einbinden und durch Coaching sowie Feedback unterstützen. Solche Fortbildungen fördern auch langfristigen Austausch und Kooperation zwischen Lehrkräften, was für nachhaltige Lernerfolge entscheidend ist. Dennoch bleiben One-Shot-Fortbildungen in vielen Schulen verbreitet, obwohl sie empirischen Standards oft nicht gerecht werden.

RAST-Schema

Reduzieren	**A**ustauschen
Teilnahme bzw. Genehmigung von Teilnahmen an One-Shot-Fortbildungen begrenzen	An Fortbildungen teilnehmen, die Merkmale der nachhaltigen Verankerung aufweisen
Stoppen	**T**ransformieren
An One-Shot-Fortbildungen nicht mehr teilnehmen bzw. Teilnahme nicht mehr genehmigen	Weniger Fortbildungen, dafür nach Teilnahme die Inhalte mit Kolleginnen und Kollegen teilen und langfristig verankern

Tür-und-Angel-Gespräche (▶ Kap. 5.3.2)

Beschreibung

In vielen Schulen finden Gespräche zwischen Lehrkräften, mit Vorgesetzten oder Schülerinnen und Schülern oft spontan und ohne festen Rahmen statt, häufig als sogenannte Tür-und-Angel-Gespräche (»Haben Sie kurz mal eine Minute?«). Diese Praxis kann zu Gesundheitsrisiken führen, da sie Erholungszeiten zwischen den Unterrichtsphasen einschränkt (Scheuch et al., 2008). Die De-Implementierung von Tür-und-Angel-Gesprächen erfordert klare Absprachen und die Schaffung alternativer Kommunikationswege: Auf individueller Ebene könnte dies bedeuten, den Aufenthaltsort während Pausen zu ändern oder alternative Besprechungsmöglichkeiten anzubieten wie Schülersprechstunden oder die Nutzung von E-Mails. Auf institutioneller Ebene könnten Besprechungsräume eingerichtet, feste Besprechungszeiten im Stundenplan verankert und digitale Kommunikationstools bereitgestellt werden, um die Effizienz zu steigern und unklare Gesprächssituationen zu vermeiden. Die klare Kommunikation und Durchsetzung dieser Maßnahmen sind entscheidend, um Tür-und-Angel-Gespräche als unzulässige Praxis zu identifizieren und zu minimieren.

RAST-Schema

Reduzieren	**A**ustauschen
Weniger im Lehrerzimmer aufhalten	
Stoppen	**T**ransformieren
Tür-und-Angel-Gespräche grundsätzlich abweisen	Kommunikationswege (E-Mail, Schülersprechstunde etc.) anbieten

Analoge Absenzenverwaltung (▶ Kap. 5.3.3)

Beschreibung

Viele Schulen setzen digitale Apps ein, um die manuelle Dokumentation und Auswertung von Fehlzeiten zu vereinfachen. Der Einsatz dieser Tools variiert stark, je nach Selbstverständnis der Schule: Während einige als digitale Vorreiter gelten und entsprechende Technologien nutzen, bleiben andere bei traditionellen, analogen Methoden. Diese Rückkehr zum Altbewährten zeigt, dass Sicherheitsbedenken, Bedenken hinsichtlich der Komplexität digitaler Systeme und persönliche Präferenzen für handgeschriebene Aufzeichnungen eine Rolle spielen können.

RAST-Schema

Reduzieren	**A**ustauschen Analoges System durch digitales System ersetzen
Stoppen	**T**ransformieren

2 Materialien zur De-Implementierung auf Schulebene

Reflexion von schulischen Standards

Kreuzen Sie für jede Frage eine Position auf der Skala zwischen den beiden Antwortpolen an.

Anhang

Definition von Standards

Wie wird die Arbeitsqualität von Lehrkräften definiert?

Engagiert: Lehrkräfte, die sich über den Unterricht hinaus engagieren, indem sie z. B. Schulprojekte leiten, Arbeitsgemeinschaften betreuen oder sich an schulischen Veranstaltungen beteiligen.

Erfolgreich: Lehrkräfte, deren Schüler regelmäßig gute Ergebnisse erzielen, und die effektive Unterrichtsstrategien nutzen, die den Lernerfolg maximieren.

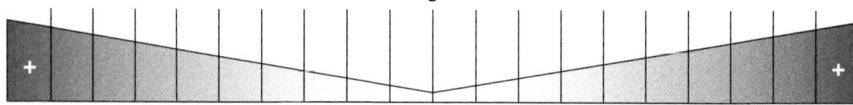

Welches Verständnis von Unterrichtsqualität herrscht an der Ihrer Schule?

Aufwändig vorbereitet: Lehrkräfte investieren viel Zeit in die detaillierte Planung und Vorbereitung des Unterrichts.

Effektiv: Der Unterricht entspricht den Merkmalen empirisch abgesicherter Rahmenkonzepte.

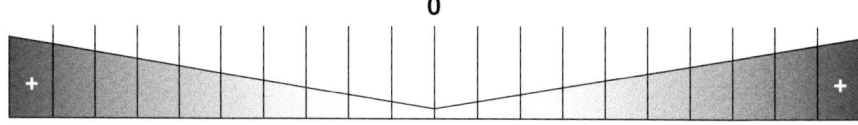

Welche Danksagungen finden bei Konferenzen statt?

Besonders viel/besondere Dinge: Anerkennung von Lehrkräften, die überdurchschnittlich viele oder außergewöhnliche Aufgaben übernehmen, werden gewürdigt.

Besonders gute Arbeit: Lehrkräften, die durch hervorragende Unterrichtsqualität oder Ideen zur De-Implementierung auffallen, werden gewürdigt.

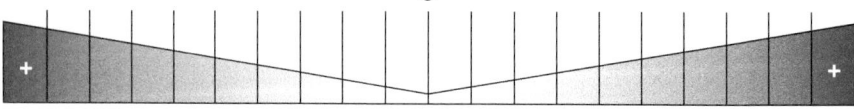

2 Materialien zur De-Implementierung auf Schulebene

Wofür werden Leistungsprämien vergeben?

Zusätzliche Arbeitszeit: Prämien werden an Lehrkräfte vergeben, die regelmäßig Überstunden leisten oder zusätzliche Aufgaben übernehmen.

Innovative Ideen: Prämien werden an Lehrkräfte vergeben, die durch innovative Ansätze und Ideen zur Effizienzsteigerung beitragen und damit langfristig Arbeitszeit einsparen.

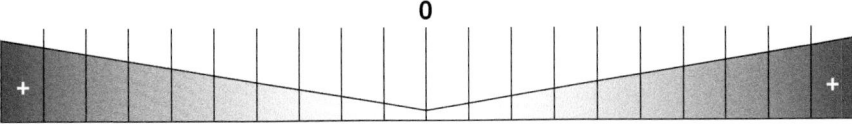

Wie wird die Fortbildung gewürdigt?

Häufige Teilnahme an Fortbildungen: Kolleginnen und Kollegen werden ermutigt, an möglichst vielen Fortbildungen zu möglichst verschiedenen Themen teilzunehmen.

Kontinuierliche professionelle Entwicklung: Kolleginnen und Kollegen werden ermutigt, im Rahmen der Fortbildung unterrichtliche Kernthemen zu vertiefen sowie langfristig und kontinuierlich in der kollegialen Zusammenarbeit zu reflektieren.

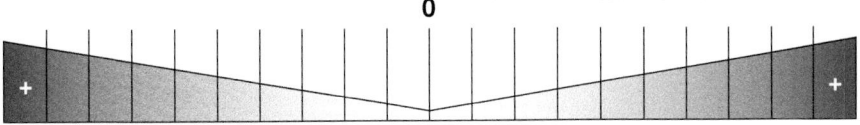

Was ist bei der Außendarstellung der Schule besonders wichtig?

Aktivitäten, Projekte, Veranstaltungen: Es wird eine Vielzahl außerunterrichtlicher Angebote und schulischer Veranstaltungen betont.

Qualität von Unterricht: Es wird die hohe Qualität des Unterrichts und die damit verbundenen Lernerfolge der Schülerinnen und Schüler betont.

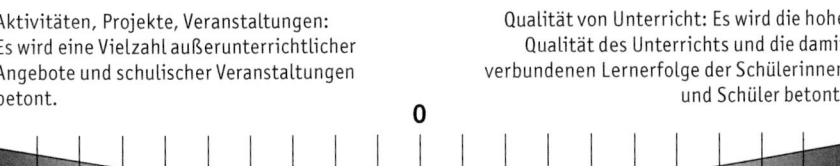

Welche der folgenden Attribute werden an Ihrer Schule genutzt, um den Standard für hohe Arbeitsleistungen und hohe Qualität zu definieren?

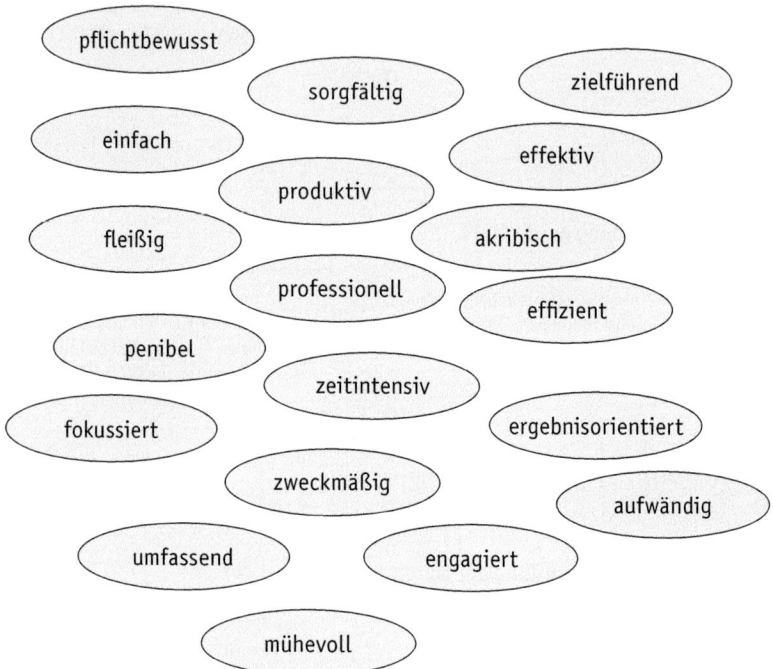

2 Materialien zur De-Implementierung auf Schulebene

Kommunikation von Standards

Wie werden Beurteilungskriterien kommuniziert?

Implizit: Beurteilunsgkriterien sind nicht klar kommuniziert und basieren auf subjektiven Einschätzungen.

Explizit: Beurteilungskriterien werden klar und nachvollziehbar kommuniziert, sodass Lehrkräfte genau wissen, woran sie sind.

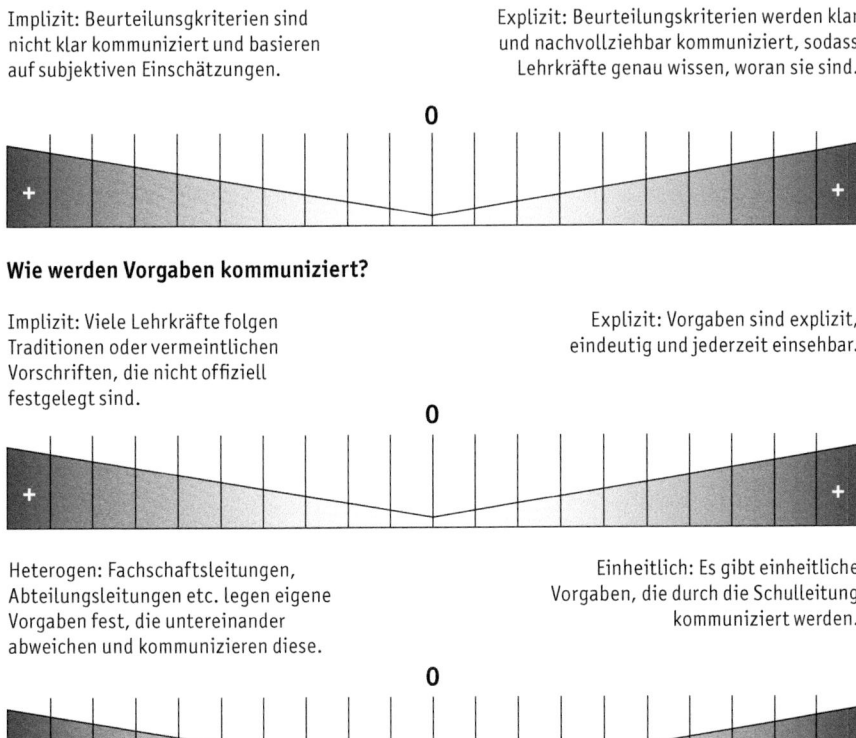

Wie werden Vorgaben kommuniziert?

Implizit: Viele Lehrkräfte folgen Traditionen oder vermeintlichen Vorschriften, die nicht offiziell festgelegt sind.

Explizit: Vorgaben sind explizit, eindeutig und jederzeit einsehbar.

Heterogen: Fachschaftsleitungen, Abteilungsleitungen etc. legen eigene Vorgaben fest, die untereinander abweichen und kommunizieren diese.

Einheitlich: Es gibt einheitliche Vorgaben, die durch die Schulleitung kommuniziert werden.

Welche Anreize werden durch Kolleginnen und Kollegen durch die Definition und Kommunikation der Standards an Ihrer Schule geschaffen?

Wie wirken sich diese Anreize auf Vorhaben der De-Implementierung aus?

Der Umgang mit dem »Ja, aber...«

In die erste Spalte können Argumente gegen die geplante De-Implementierungsmaßnahme eingetragen werden. In den Spalten 2 und 3 kann eingetragen werden, welche Evidenz für und gegen das Argument vorliegt. Jede

Evidenz kann anhand der folgenden 5 Abkürzungen gekennzeichnet werden. Am Ende kann anhand der Qualität der Evidenz entschieden werden, ob das Argument valide ist oder nicht.

WE: (Evidenzklasse 1–7): wissenschaftliche Evidenz (Studie, Metaanalyse)
PE: persönliche Erfahrung/persönlicher Eindruck
FS: (Anzahl der Rückmeldungen): Ergebnis von Feedback oder Evaluation durch Schülerinnen und Schülern
FE: (Anzahl der Rückmeldungen): Ergebnis von Feedback oder Evaluation durch ErziehungsberechtigteFK: (Anzahl der Rückmeldungen): Ergebnis von Feedback oder Evaluation durch Kolleginnen und Kollegen
Ja, aber...

Argument	Evidenz	Gegenevidenz

3 Materialien zur De-Implementierung auf individueller Ebene

Reflexionsergebnisse zu den Gründen für die De-Implementierung, das Fokus- und das SMART-Ziel

Mein „Warum?"

Ich mache mich auf den Weg in einen De-Implementierungsprozess, weil mir diese Werte besonders wichtig sind:

Folgendes Ziel/folgende Ziele möchte ich deshalb besonders in den Fokus nehmen:

Meine Übersetzung ein „SMART" Ziel lautet:

Kontrolle:

- ☐ Ist das Ziel **spezifisch**, also nicht allgemein formuliert? (Bsp.: Nicht: „Ich möchte Zeit bei der Arbeit einsparen", sondern "Ich möchte 10 % meiner Arbeitszeit für XY reservieren", „Ich mache wöchentlich 5 Überstunden und möchte diese auf 2 reduzieren")
- ☐ Ist das Ziel **messbar**? (20 % der Arbeitszeit, 8 Stunden pro Woche…, Auf der Zufriedenheitsskala von 1-10 mindestens auf die 7 kommen)
- ☐ Ist das Ziel **erreichbar (achieveable)**? (wichtig: Lieber kleinere, aber erreichbare Ziele setzen; Unabhängigkeit von anderen)
- ☐ Ist das Ziel **relevant**? → Hilft es wirklich, meinem Fokusziel näher zu kommen?
- ☐ Ist das Ziel **zeitgebunden (time-bounded)**? (bis zum….)

Ideensammlung zur De-Implementierung

Ideensammlung zur De-Implementierung

Mein Fokusziel:

Mein SMART-Ziel:

Mein De-Implementierungsbereich:

Ideen zur De-Implementierung:

Reduzieren (in Häufigkeit einschränken)	Austauschen (durch eine effizientere oder effektivere Methode/Tätigkeit ersetzen)
Stoppen (ersatzlos streichen)	Transformieren (überarbeiten, damit Methode/Tätigkeit effizienter wird)

De-Implementierungsplan

De-Implementierungsplan

Mein De-Implementierungsbereich:

Diese De-Implementierungsschritte möchte ich umsetzen:
(Was? Wie? Wann?)

- _____
- _____
- _____

Dazu muss ich Folgendes vorbereiten:
(Absprachen mit anderen? Erinnerungshilfen für mich?)

- _____
- _____
- _____

Meine gewonnenen Zeit investiere ich in:

_____

_____

Wann?

_____

Werteliste

A	Akzeptanz Anerkennung	Abwechslung Achtsamkeit	Authentizität Aktivität	Ausgeglichenheit
B	Begeisterung Bedeutung	Besonnenheit Beliebtheit	Bewusstheit Bildung	
D	Dankbarkeit Disziplin	Distanz		
E	Ehrlichkeit Entwicklung Erfahrung	Eigenständigkeit Einfachheit Einzigartigkeit	Empathie Enthusiasmus Entspannung	Erfolg Expertise
F	Fairness Familie Freiheit	Freude Freundschaft Fürsorglichkeit	Flow Flexibilität Fleiß	
G	Gelassenheit Gemeinschaft	Gesundheit Gewaltfreiheit	Gerechtigkeit Gleichheit	
H	Hilfsbereitschaft Höflichkeit	Harmonie Herausforderung	Humor Hingabe	
I	Integration Integrität			
K	Kontinuität Kooperation	Komfort Kontrolle	Klarheit Kreativität	
L	Leidenschaft Leistung	Lebendigkeit Lebensfreude	Loyalität Leichtigkeit	
M	Menschlichkeit Miteinander	Macht Motivation	Mut Muße	
N	Nachhaltigkeit Nähe	Neugier		
O	Offenheit Optimismus			
P	Partizipation Perfektion	Professionalität Pragmatismus		
R	Realismus Respekt	Ruhe		
S	Selbstbestimmung Sicherheit	Sinn Spontaneität	Stärke Stabilität	Solidarität

T Teamgeist Tiefgang	Toleranz		
U Unabhängigkeit			
V Veränderung Verantwortungsbe- wusstsein	Verlässlichkeit Vertrauen	Vision Vernunft	Verbindlichkeit Vielfalt
W Wachstum Wertschätzung	Weisheit Wissen	Wahrheit	
Z Zuverlässigkeit Zusammenarbeit	Zugehörigkeit		

Beispiel für die individuelle De-Implementierung

Um den Prozess an einem konkreten Beispiel zu veranschaulichen, können Sie an dieser Stelle den Ablauf des De-Implementationsprozesses am Beispiel einer Lehrkraft nachvollziehen.

Ausgangssituation:

Der Lehrer (42 Jahre, 16. Dienstjahr, unterrichtet Deutsch und Englisch am Gymnasium) fühlt sich zunehmend unzufrieden. Er macht sehr viele Überstunden und hat das Gefühl, dass sein Beruf, der ihm sehr wichtig ist, in seinem Leben eine zu große Rolle einnimmt (»Meine Arbeit frisst mich auf!«). Bei der Auseinandersetzung mit seinen Werten wählt er »Familie«, »Gesundheit« und »Verantwortungsbewusstsein« als für sich am meisten relevante Bereiche.

2 Materialien zur De-Implementierung auf Schulebene

Mein „Warum?"

Ich mache mich auf den Weg in einen De-Implementierungsprozess, weil mir diese Werte besonders wichtig sind:

Familie, Gesundheit, Verantwortungsbewusstsein

Folgendes Ziel/folgende Ziele möchte ich deshalb besonders in den Fokus nehmen:

Ich möchte mehr Zeit mit meiner Familie verbringen und deshalb keine Überstunden mehr machen.

Meine Übersetzung ein „SMART" Ziel lautet:

Ich spare ab dem nächsten Halbjahr pro Woche 4 Stunden ein, damit ich sonntags nicht arbeiten muss und unternehme stattdessen etwas mit meiner Familie.

Kontrolle:
- ✓ Ist das Ziel **spezifisch**, also nicht allgemein formuliert? (Bsp.: Nicht: „Ich möchte Zeit bei der Arbeit einsparen", sondern "Ich möchte 10 % meiner Arbeitszeit für XY reservieren", „Ich mache wöchentlich 5 Überstunden und möchte diese auf 2 reduzieren")
- ✓ Ist das Ziel **messbar**? (20 % der Arbeitszeit, 8 Stunden pro Woche..., Auf der Zufriedenheitsskala von 1-10 mindestens auf die 7 kommen)
- ✓ Ist das Ziel **erreichbar (achieveable)**? (wichtig: Lieber kleinere, aber erreichbare Ziele setzen; Unabhängigkeit von anderen)
- ✓ Ist das Ziel **relevant**? → Hilft es wirklich, meinem Fokusziel näher zu kommen?
- ✓ Ist das Ziel **zeitgebunden (time-bounded)**? (bis zum....)

Anhang

Durch eine Dokumentation seiner Tätigkeiten in Tagebuch-Form wird sichtbar, dass die Unterrichtsvorbereitung einen erheblichen Anteil Arbeitszeit außerhalb des Unterrichts einnimmt. Bei genauerer Analyse stellt sich heraus, dass von dieser Zeit wiederum ca. die Hälfte in die Suche nach neuen Unterrichtsmaterialien im Internet fließt. Der Lehrer wird dabei von dem Wunsch angetrieben, jeder Klasse genau zum Leistungsstand passendes, aber auch motivierendes Arbeitsmaterial zu erstellen. Dabei achtet er zudem auf ausreichende Differenzierungsmöglichkeiten.

Zusammen mit zwei ihm vertrauten Kolleginnen macht er sich unter Zuhilfenahme des RAST-Schemas auf die Suche nach passenden De-Implementierungsmöglichkeiten:

2 Materialien zur De-Implementierung auf Schulebene

Ideensammlung zur De-Implementierung

Mein Fokusziel:

Ich möchte mehr Zeit mit meiner Familie verbringen und deshalb keine Überstunden mehr machen.

Mein SMART-Ziel:

Ich spare ab dem nächsten Halbjahr pro Woche 4 Stunden ein, damit ich sonntags nicht arbeiten muss und unternehme stattdessen etwas mit meiner Familie.

Mein De-Implementierungsbereich:

Suche nach passenden Unterrichtsmaterialien im Internet.

Ideen zur De-Implementierung:

Reduzieren (in Häufigkeit einschränken)	Austauschen (durch eine effizientere oder effektivere Methode/Tätigkeit ersetzen)
- nur für eine Unterrichtsstunde pro Tag neues Material suchen - eine feste Zeitbeschränkung für die Suche im Internet einrichten	- Investition in 1-2 gute Bücher pro Fach und Jahrgangsstufe die ausschließlich zur Unterrichtsvorbereitung verwendet werden - mit Kollegen eine Austauschbörse für gutes Material anlegen und darauf zurückgreifen
Stoppen (ersatzlos streichen)	**Transformieren (überarbeiten, damit Methode/Tätigkeit effizienter wird)**
- im Internet gar nicht mehr nach Unterrichtsmaterialien suchen, sondern ausschließlich vorhandene Lehrbücher verwenden - gar kein neues Unterrichtsmaterial erstellen, sondern ausschließlich auf verwendetes (bzw. dem Lehrwerk beiliegendes) zurückgreifen	- sorgfältige Auswahl von 1-2 qualitativ guten Websites pro Fach, auf denen ausschließlich nach Material gesucht wird

Anhang

Viele der notierten Optionen stammen aus dem Brainstorming mit den Kolleginnen, sind für die Lehrkraft selbst aber wenig vorstellbar. Der Lehrer entschließt sich deshalb zur intensiveren Auseinandersetzung mit den eigenen Glaubenssätzen und führt die Methode des inneren Teams durch. Ausgehend von der Idee, nur noch zwei Unterrichtsstunden pro Tag neu zu konzipieren und in den restlichen Stunden auf Vorhandenes zurückzugreifen, notiert er die auftauchenden Stimmen, ordnet ihnen Namen zu und reiht sie in für ihn passenden Abständen und Beziehungen um sich herum an.

Diese Visualisierung verhilft dem Lehrer zu folgenden Erkenntnissen:

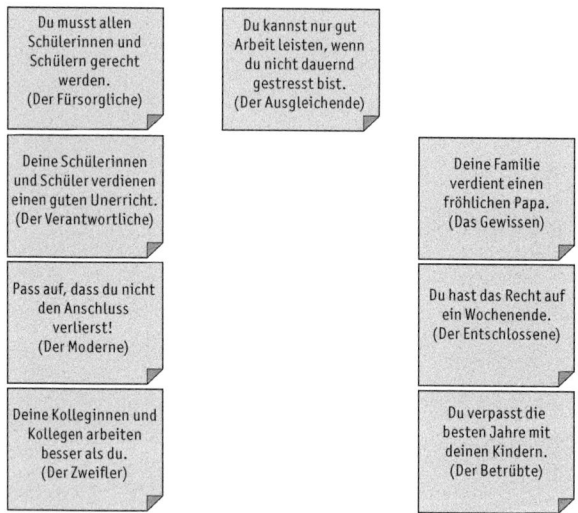

Für ihn stehen sich in dieser Situation der Beruf mit der aktuell hohen Überstundenzahl auf der einen Seite und seine Familie und sein Wohlbefinden auf der anderen Seite direkt gegenüber. In der Nachbesprechung der Methode mit seiner Kollegin spricht er sich klar dafür aus, seine Gesundheit und sein Familienleben zu priorisieren.

Gleichzeitig erkennt er, dass dauerhafter Stress auch seiner Arbeitsqualität schadet und er mit seiner Selbstfürsorge letztlich auch professionell handelt: Er möchte auch in Zukunft dienst- und leistungsfähig bleiben.

Andererseits ist seine Sorge groß, »im eigenen Saft zu schmoren«, »überholte« pädagogische Konzepte zu nutzen und schlechteren Unterricht als seine Kolleginnen und Kollegen zu leisten. Hierzu schlägt die Kollegin eine monatliche wechselseitige kollegiale Hospitation mit anschließender Nachbesprechung in einer vertrauten Gruppe von Kollegen und Kolleginnen vor, in der sich die Teilnehmer Unterrichtsmethoden vorstellen, mit denen sie gute Erfahrung gemacht haben und sich im Anschluss über aktuelle, evidenzbasierte pädagogische Konzepte austauschen. Dafür wird ein Zeitbudget von ca. 4 Stunden pro Monat eingeplant, das die Gruppe wieder einsparen möchte, indem sich die Teilnehmerinnen und Teilnehmer die in der Vorführstunde verwendeten Materialien und Konzepte gegenseitig zur Verfügung stellen.

Aus den Erkenntnissen, die er aus seinen Reflexionen zieht, entwickelt der Lehrer folgenden De-Implementierungsplan:

De-Implementierungsplan

Mein De-Implementierungsbereich:

Suche nach passenden Unterrichtsmaterialien im Internet.

Diese De-Implementierungsschritte möchte ich umsetzen:
(Was? Wie? Wann?)

- sorgfältige Auswahl von 1-2 qualitativ guten Websites pro Fach (nächste 2 Wochen)
- nur für eine Unterrichtsstunde pro Tag neues Material suchen (ab KW 11)
- strenge Beschränkung der Internetrecherche auf die beiden Websites (ab KW 11)

Dazu muss ich Folgendes vorbereiten:
(Absprachen mit anderen? Erinnerungshilfen für mich?)

- Lesezeichenliste für Unterrichtsvorbereitung durch neue (mit beiden Websites) ersetzen
- Markierung der beiden neu vorzubereitenden Unterrichtsstunden pro Tag im Wochenplan
- Teilnahme an kollegialer Hospitation 1x monatlich.

Meine gewonnenen Zeit investiere ich in:

vorab geplante Sonntagsausflüge/-aktivitäten mit der Familie

Wann?

jeden Sonntag, ab KW 11